NUMISMATIQUE ANCIENNE

# TROIS ROYAUMES

DE

# L'ASIE MINEURE

CAPPADOCE — BITHYNIE — PONT

PAR

Théodore REINACH

PARIS

CHEZ C. ROLLIN ET FEUARDENT

4, Place Louvois, 4

1888

A

Monsieur W. H. WADDINGTON
AMBASSADEUR, MEMBRE DE L'INSTITUT

HOMMAGE RECONNAISSANT,

T. R.

# AVERTISSEMENT

J'ai réuni dans ce volume trois mémoires, étroitement apparentés par le sujet et par la méthode, qui ont paru dans la *Revue numismatique* de 1886 à 1888. Ce sont à la fois des études de numismatique et d'histoire, et je serais heureux si elles pouvaient convaincre quelques historiens et quelques numismatistes du secours mutuel que leurs recherches sont appelées à se prêter.

A proprement parler, la numismatique ancienne n'est pas une science. Comme sa sœur, l'épigraphie, elle n'est qu'une des nombreuses connaissances auxiliaires, indispensables à l'historien de l'antiquité; toute sa valeur réside dans les documents qu'elle fournit pour la reconstruction exacte du passé, envisagé sous toutes ses faces. Seulement les documents sur lesquels opère cette modeste auxiliaire sont si intéressants par eux-mêmes, leur classement offre tant de difficultés et leur contemplation tant de délices, qu'encore aujourd'hui la plupart des historiens renoncent de prime abord à approfondir les mystères de la science des médailles, tandis que la plupart des numismatistes, absorbés dans la jouissance de leurs trésors, se contentent de demander à l'histoire les renseignements strictement nécessaires pour les cataloguer. Historiens et numismatistes vivent ainsi côte à côte, se respectant mutuellement, mais ne se lisant guère et se fréquentant encore moins; quant à l'historien numismatiste ou au numismatiste historien, c'est un oiseau rare dont on compte les exemplaires. Est-il besoin d'insister sur les inconvénients d'un pareil divorce? Pour ma part, je n'ai pas encore feuilleté un seul chapitre de l'histoire ancienne qui ne m'en ait apporté des preuves nouvelles et ne m'en ait fait voir les déplorables effets. Partout on voit s'accumuler, d'un côté comme de l'autre, des monceaux de faits exacts; mais bien souvent ces matériaux restent stériles faute de l'étincelle qui, en combinant les deux groupes, ferait jaillir la vérité dont chacun d'eux détient une parcelle.

Ces doléances ne sont pas neuves; il y a plus d'un siècle que les archéologues les plus éminents les font entendre et cherchent, tant par le précepte que par l'exemple, à rompre la glace qui sépare la numismatique et l'histoire. Ils n'ont guère réussi jusqu'à présent, il faut l'avouer, et je ne me flatte pas d'être plus heureux que les Eckhel, les Visconti ou les Lenormant. Mais je me fais un devoir de répéter à cette place ce que j'ai écrit dans un des chapitres de ce volume : la numismatique ancienne n'entrera définitivement dans la famille des sciences historiques, on ne pourra en exiger la connaissance de tout historien, que le jour où elle aura son *Corpus* scientifique, comme l'épigraphie a le sien, et ce *Corpus*, c'est à notre Académie des inscriptions qu'il appartient d'en entreprendre, ou, tout au moins, d'en diriger l'exécution.

Paris, 1er août 1888.

# ESSAI SUR LA NUMISMATIQUE

DES

# ROIS DE CAPPADOCE

Eckhel disait, il y a près d'un siècle : *Ut in plerisque regum numis molestum est discrimen, sic in regum Cappadociæ numis molestissimum*[1]. A quoi faut-il attribuer la difficulté qu'on éprouve à classer une série de médailles dont les légendes se lisent sans peine, et qui toutes, sans contestation, présentent l'effigie du prince régnant? J'y vois trois raisons principales :

1º La rareté des pièces d'un grand module. L'or manque complètement dans notre série, le bronze est peu abondant. Parmi les pièces d'argent, les drachmes sont en grande majorité : Eckhel ne connaissait encore qu'un seul tétradrachme, Mionnet

---

[1] *Doctrina numorum veterum*, III, 198. Je citerai simplement *Eckhel*.

n'en connaît que trois. Or, sur les petites médailles, comme chacun sait, le graveur, se trouvant à l'étroit, abrège la titulature ; en outre, les traits de l'image sont moins nets, les monogrammes et les dates moins lisibles.

2° Le grand nombre des homonymes. Presque tous les rois de la première dynastie cappadocienne s'appellent Ariarathe; presque tous ceux de la seconde, Ariobarzane. Ces homonymes se distinguent sur leurs monnaies, comme sur leurs inscriptions, par des surnoms ; malheureusement les surnoms ne sont mentionnés que tout à fait exceptionnellement par les historiens : dès lors, comment identifier leurs titulaires avec certitude ?

3° L'absence d'une ère nationale. A la différence des rois voisins de la Bithynie et du Pont, les rois de Cappadoce ne font pas usage de « l'ère de l'indépendance » ; ils ne datent leurs monnaies que par les années du règne. Autant donc il est facile de ranger dans l'ordre chronologique les monnaies d'un même roi, autant il est embarrassant de déterminer dans quel ordre les rois se succèdent. On est réduit à s'appuyer sur des indices assez vagues, tels que le style du dessin, les variations des emblèmes ou des titres, enfin sur quelques renseignements des auteurs touchant la durée de certains règnes.

Ces raisons expliquent suffisamment l'aveu d'impuissance qui échappe à Eckhel [1] en présence des monnaies des Ariarathe. Elles expliquent aussi pour-

---

[1] Les monnaies royales de Cappadoce sont traitées chez Eckhel, t. III, p. 195-202 (1794).

quoi, malgré les essais de classement de Mionnet [1] et de Visconti [2], qui ont très souvent rencontré juste, les esprits prudents ont hésité à prendre leurs hypothèses ingénieuses pour des vérités démontrées. Le dernier travail d'ensemble qui ait été publié sur notre série, dû à la plume de Max Borell en 1862 [3], laisse encore sans attribution certaine la moitié des médailles de la première dynastie cappadocienne.

Depuis vingt-cinq ans la série royale de Cappadoce s'est enrichie de plusieurs types nouveaux, notammant de tétradrachmes et de pièces à légendes araméennes d'une grande importance. D'heureuses trouvailles épigraphiques sont venues compléter les renseignements fragmentaires des historiens anciens. Enfin la critique s'est attaquée, un peu timidement, il est vrai, à divers témoignages, auxquels les précédents numismatistes s'étaient trop religieusement attachés. Dans ces conditions, un nouveau classement d'ensemble me paraît devenu à la fois possible et nécessaire. Pour se convaincre de cette nécessité, il suffira de comparer les résultats de mon étude avec les pages récemment consacrées à notre matière par un historien distingué, M. Edouard Meyer [4], et par un numismatiste dont l'éloge n'est plus à faire, M. Imhoof Blümer [5].

Je ne saurais terminer cet avant-propos sans remer-

---

[1] Mionnet, *Médailles grecques et romaines*, tome IV (1809), p. 442-443, et *Supplément*, tome VII (1835), p. 716-722.

[2] Visconti, *Iconographie grecque* (1814), t. II, p. 220-250, et planche 44.

[3] Borell, *Numismatic Chronicle*, New series, t. II, p. 1 suiv. Je désignerai ce recueil par l'abréviation NC, et je citerai l'article sous le nom de Borell.

[4] Ed. Meyer, *Geschichte des Kœnigreichs Pontos* (Leipzig, 1879), p. 98-104

[5] F. Imhoof Blümer, *Portrætkœpfe auf antiken Münzen hellenischer und*

cier, comme elles le méritent, les personnes dont le bienveillant concours m'a seul permis de mener mon travail à bonne fin. M. le baron Lucien de Hirsch, MM. Rollin et Feuardent m'ont autorisé à étudier et à reproduire leurs médailles les plus intéressantes ; MM. Chabouillet et Babelon, du Cabinet des médailles, M. Percy Gardner, du *British Museum*, M. de Sallet, du Cabinet de Berlin, ont accueilli avec une inépuisable complaisance ma curiosité souvent indiscrète. Mais je dois des remerciements tout particuliers à M. Waddington, qui, par un rare exemple de désintéressement scientifique, a mis à ma disposition les magnifiques exemplaires déjà connus ou inédits de son médaillier, quoiqu'il prépare depuis de longues années un travail sur un sujet analogue. Malgré le parti que j'ai tiré des utiles suggestions de plusieurs de ces savants, je tiens à revendiquer pour moi seul la responsabilité des attributions nouvelles, et surtout des attributions erronées, que l'on pourra trouver dans mon classement.

L'histoire de la Cappadoce, jusqu'à sa réduction en province romaine, se divise en trois périodes :

1° Depuis la conquête de Cyrus jusqu'à la conquête d'Alexandre (546-333 av. J.-C.). Epoque perse.

2° Depuis la conquête d'Alexandre jusqu'à la conquête de Mithridate (333-100 av. J.-C.). Dynastie des Ariarathe.

*hellenisierter Vælker* (Leipzig, 1885), p. 38-40. Je citerai simplement Imhoof, *Portraits* (Voir ma recension de cet excellent ouvrage dans la *Revue critique d'histoire et de littérature* du 29 décembre 1885). L'auteur reconnaît d'ailleurs loyalement dans la préface (p. 8 *ad fin.*) que le classement des monnaies de Cappadoce est encore complètement à faire.

3° Depuis la conquête de Mithridate jusqu'à l'annexion romaine (100 av. J.-C. —17 ap. J.-C.). Dynasties des Ariobarzane et des Archélaüs.

J'examinerai successivement les monnaies qui nous sont parvenues de ces trois périodes, en ne touchent à l'histoire proprement dite qu'autant qu'il sera strictement nécessaire [1].

PREMIÈRE PÉRIODE

(546-333 av. J.-C.).

*Domination perse.*

Durant toute cette période, la Cappadoce dont le nom même figure pour la première fois dans les documents perses, fait partie intégrante de la monarchie achéménide. Elle paraît avoir été rattachée d'abord à

---

[1] Les principaux textes anciens sur l'histoire de Cappadoce sont : pour les premiers Ariarathe, Diodore frag. XXXI, 19; pour les derniers Ariarathe, Justin, lib. 37 et 38, pour les Ariobarzane et Archélaüs, Appien et Dion. Il faut ajouter beaucoup de renseignements épars chez Polybe, Strabon, Tite-Live, Cicéron, etc. La plupart de ces textes ont été réunis par Clinton, *Fasti hellenici*, t. III, 429-438 (2e édit., 439-448) qui dispense de recourir aux Mémoires des siècles précédents (Belley, etc.). Il faut encore consulter Eckhel, Visconti, Mannert, des passages isolés de Duncker, Droysen, Mommsen et Drumann, les dictionnaires d'antiquités de Pauly (2e éd.) et de Smith, l'*Onomasticon* de De Vit. La monographie la plus récente est Hisely, *De historia Cappadociæ*, Traj. 1836, que je n'ai pas encore réussi à me procurer, mais que Droysen (*Hell.* III, 82) appelle un ouvrage peu approfondi. M. Meyer a promis une Histoire de Cappadoce dans la préface de sa *Geschichte Pontos* (1879), mais il n'a pas tenu parole jusqu'à présent. On doit lire en attendant son article *Kappadokien* dans l'*Encyclopédie* d'Ersch et Gruber (1885).

la troisième satrapie (Dascylion), puis avoir formé une satrapie ou hyparchie à part avec la Lycaonie. La Paphlagonie, qui s'étendait fort au delà des limites assignées plus tard à ce territoire, ne faisait pas partie d'une satrapie, mais formait un Etat tributaire. Au sud, la Cataonie et tout le pays jusqu'au Halys ne furent détachés de la Cilicie que vers la fin du v$^e$ siècle. Un témoignage isolé et suspect de Strabon nous apprend que dans les derniers temps de la monarchie la Cappadoce fut subdivisée en deux départements, l'un au sud, l'autre au nord [1].

On connaît les noms de plusieurs gouverneurs perses de Cappadoce, qui n'avaient probablement que le rang d'hyparques. Voici leurs noms :

Sous Cyrus, Artabatès [2].

Sous Darius 1$^{er}$, Ariaramne [3].

Sous Xerxès I$^{er}$, Gobryas, fils de Darius et d'Artystoné [4].

Sous Artaxerxès II Mnémon, Mithradatès [5]. Sous le même règne, mais près de quarante ans plus tard, le Carien Camisarès et son fils Datamès, au temps duquel Aspis gouverne la Cataonie [6].

Sous Darius III Codoman, Mithrobouzanès, qui périt au Granique (334), et Ariakès, qui figure à Gauga-

---

[1] Strabon, XII, 1, 4. Meyer, *Gesch. Pontos*, p. 26. Cf. Krumbholz, *De Asiae minoris satrapis persicis*, Leipzig (1883), p. 60.

[2] Xénophon, *Cyrop.* VIII, 6, 7. Les Cappadociens, qui avaient pour roi Aribaios, auraient été parmi les alliés de Crésus (*ib.* II, 1, 5). Ce témoignage ne s'accorde pas avec Hérodote.

[3] Ctésias, fr. 29, 16 (Didot).

[4] Hérodote, VII, 72.

[5] Ps. Xénophon, *Anabase*, VII, 8, 25.

[6] Diodore, XV, 91. Nepos, *Datame*, 2 (au lieu de *partem Ciliciae juxta Cappadociam*, Meyer propose de lire *partem Cappadociae juxta Ciliciam*).

mêle (331)¹. Ce dernier a pour concurrent Sabictas, nommé par le conquérant macédonien.

Ces gouverneurs ont-ils battu monnaie en leur propre nom? A cet égard il faut distinguer entre les satrapes avant Datame et ceux qui l'ont suivi.

Il n'existe aucune monnaie des premiers, et il est peu probable qu'on en découvre jamais. Les satrapes perses, et à plus forte raison les simples hyparques, ne paraissent avoir monnayé en leur propre nom que lorsqu'ils affectaient vis-à-vis du pouvoir central une certaine indépendance, soit séditieuse, soit conférée par le grand roi dans un intérêt politique qui, d'ordinaire, nous échappe. Or, les hyparques cappadociens au v$^e$ siècle et au commencement du iv$^e$ ne font guère parler d'eux en bien ni en mal; il n'est même nullement certain que le Mithradatès, gouverneur de Cappadoce vers l'an 400, mentionné à la fin de l'*Anabase*, soit identique au complice de Cyrus le jeune qui, d'ailleurs, fit promptement sa paix avec Artaxerxès. Pour ces raisons, il me paraît inutile de discuter l'attribution à cette période de la seule pièce qu'on ait cherché à y placer : c'est une pièce à légende grecque au nom d'Ariaramne, qui sera décrite plus tard dans la première dynastie cappadocienne.

La situation de la Cappadoce se modifia sous Datame. Ce personnage, qui était d'origine obscure et occupait un poste assez subalterne, se mit en évidence d'abord par les succès militaires qu'il remporta pour le grand

---

¹ Diodore, XVII, 21. Arrien, *Anabase*, I, 16, 3; III, 8, 5. La véritable orthographe du nom Mithrobouzanès est donnée par une inscription cataonienne. Waddington, *Bull. Corr. hell.*, VII, 130 (quelques manuscrits ont Mithrobarzanès).

roi, puis se joignit aux satrapes révoltés contre celui-ci (vers 362). Son armée était composée de nombreux mercenaires et il n'y aurait rien d'étonnant à ce qu'il eût battu monnaie en son nom pour payer leur solde. En effet, Polyen raconte que Datame promit à ses soldats d'établir un atelier de monnayage à Amisos, s'il réussissait à s'emparer de cette ville [1]. On n'a pas encore rencontré de ces monnaies d'Amisos, au nom de Datame, mais on lui attribue unanimement la pièce suivante, qui a été souvent décrite :

N. 1. Tête de femme [2] (la nymphe Sinope) à gauche, avec pendants d'oreilles. Dans un cercle perlé.

℟. ΔΑΤΑ ou ΔΑΤΑΜ. Aigle sur un dauphin. Dans le champ, lettres diverses [3].

Ar. Drachme. Poids 5 gr. 85.

Les types de cette pièce sont ceux de Sinope, et il est indubitable qu'elle a été frappée dans cette ville. Il est aussi très probable qu'elle l'a été pour Datame, sinon par lui. Il est vrai que, d'après Polyen, Datame assiégea Sinope sans réussir à s'en emparer; mais avant ce siège, il avait entretenu avec cette république des relations amicales, et, comme l'a fait très bien observer M. Six, notre monnaie ne prouve pas que Sinope fût dépendante de Datame, mais seulement que l'émission

---

[1] Polyen, VII, 21, 1. Aristote (*Economiques*, II, 25, tome I, 646, 35, Didot) raconte cette histoire du Perse *Didalès*, qui paraît bien identique à Datame.

[2] Cabinet de France. Mionnet, II, n. 73. Waddington, *Revue Numismatique* (j'écrirai désormais RN), 1860, p. 440; 1861, p. 1; *Mélanges*, I, 82. Head NC, XIII, 122. Six, NC, 1885, p. 26 (nos 34-36). Droysen, *Zeitschrift für Numismatik* (j'écrirai désormais ZN), II, 318. Brandis, *Münzwesen von Vorderasien*, p. 427.

[3] Pour les lettres de ce genre et les monogrammes, je renvoie une fois pour toutes à l'*Appendice* n° 1, à la fin de ce travail.

se fit à ses frais et par ses ordres. On pourrait objecter que de nombreuses monnaies de Sinope ont un nom de prytane éponyme gravé ainsi au revers et que Δαταμ.. pourrait être un de ces prytanes ; mais je crois qu'on chercherait vainement un nom propre hellénique commençant par ces lettres. Je maintiens donc l'attribution courante [1].

Quoique la révolte de Datame ait fini par être étouffée, la Cappadoce paraît avoir été fort troublée pendant l'intervalle de trente ans qui s'écoula entre la mort de ce satrape et la conquête d'Alexandre. C'est peut-être à cette époque que se rapporte la division, indiquée par Strabon, de l'ancienne hyparchie cappadocienne en deux provinces : l'une au nord, la Cappadoce pontique, qui forma plus tard le noyau du royaume de Pont ; l'autre au sud, la Cappadoce taurique, plus tard le royaume de Cappadoce. Il semble que Sinope, ville grecque jadis autonome, soit alors tombée entre les mains des gouverneurs de la première province ; ces gouverneurs, soit qu'ils aient été investis de pouvoirs extraordinaires par le grand roi, soit qu'ils aient réellement cherché à se rendre indépendants comme Datame, frappèrent monnaie en leur nom à Sinope. Leurs pièces n'appartiennent pas à la numismatique de la Cappadoce proprement dite, et je renvoie, pour leur description, à l'excellent article de M. Six [2]. Il me suffira d'indi-

---

[1] Je ne parle pas ici des monnaies ciliciennes à légende araméenne naguère attribuées à Datame (on lisait *Tadnamos*), et qui portent en réalité le nom *Tarcamos*. Voir Noeldeke, *Gœtt. gel. Anz.*, 1884, p. 298, et surtout Six NC. 1884, p. 103.

[2] NC. 1885, p. 26-28. (Cf. aussi Luynes, *Numismatique des satrapes*, pl XII, 1. Waddington, *Mélanges*, I, p. 85. Brandis, p. 427. Imhoof, *Portraits*, p. 23. Noeldeke, *Gœtt. gel. Anz.*, 1884, p. 290 et suiv.) La monnaie d'Abdémon se trouve au Cabinet de France (fonds de Luynes).

quer qu'elles ne diffèrent des drachmes de Datame que par quelques ornements nouveaux ajoutés à la tête de la nymphe Sinope (aplustre, collier) et par la légende, qui est en caractères araméens, au lieu de caractères grecs. Les noms les plus déchiffrables paraissent devoir se lire (O)rontobatès, Asysès (ce nom, que M. Six lit *Asasis*, rappelle l'Arysès de Diodore) et Abdémon. Quant aux drachmes identiques d'Ariarathe I$^{er}$, il en sera question au paragraphe suivant.

Dans tout ce paragraphe j'ai admis, comme un fait avéré, le gouvernement de la Cappadoce par des préfets perses, appartenant à diverses familles. Un fragment de Diodore [1] présente un tableau tout différent du régime politique de la Cappadoce pendant cette période. Au lieu d'une hyparchie, elle aurait formé un royaume indépendant, tantôt ami, tantôt ennemi des Perses, mais jamais tributaire. Les rois, ancêtres des futurs Ariarathe, appartenaient à une ancienne famille indigène, alliée par mariage avec les Achéménides ; le second fondateur du royaume, Anaphas (peut-être l'Otanès d'Hérodote), aurait été l'un des sept meurtriers du faux Smerdis. Voici la liste de ces rois de Diodore, qui se succèdent tous de père en fils :

1. *Pharnace*, épouse Atossa, sœur de Cambyse, père de Cyrus.
2. *Gallos*.
3. *Smerdis*.
4. *Artamnès*.
5. *Anaphas I$^{er}$* (sous Darius I$^{er}$).
6. *Anaphas II*.

[1] Diodore, fr. XXXI, 19.

7. *Datamès* et son frère *Arimnaios*.

8. *Ariamnès*, règne cinquante ans.

9. *Ariarathès* et son frère *Holophernès* (sous Artaxerxès Ochus).

Quoique cette généalogie ait été acceptée sans sourciller par les érudits du siècle dernier, et accueillie avec des réserves timides par ceux du siècle présent [1], je n'hésite pas à déclarer qu'elle est entièrement fabuleuse ; qu'elle a été fabriquée de toutes pièces à une époque assez récente, dans la double intention de conférer un semblant de légitimité à la dynastie des Ariarathe et de donner satisfaction aux divers éléments de la population cappadocienne. Ce n'est pas ici le lieu d'entrer dans les détails de la démonstration. Je me contente d'indiquer sommairement : 1º que le récit de Diodore fourmille d'impossibilités chronologiques ; 2º qu'il contredit les témoignages formels d'Hérodote, de Ctésias, de Xénophon, de Strabon et des monnaies elles-mêmes ; 3º que la plupart des détails en sont invraisemblables ; 4º et surtout, qu'il n'y a pas *un seul*

---

[1] Mannert, qui invoque l'ignorance d'Appien (*Mith.* 8), est encore le plus sceptique. Visconti a des doutes, mais tâche de distinguer deux Datame pour mettre d'accord Diodore et Cornélius Nepos (*sic* encore Judas, RN, 1863, 103 suiv.). Clinton se contente de dire que ces rois « n'ont guère pu posséder qu'une autorité précaire et tolérée ». Droysen et Meyer sont allés un peu plus loin, mais ce dernier admet encore l'existence d'une petite principauté semi-indépendante créée dans la vallée du haut Iris en faveur des descendants d'Otanès (Anaphas). De pareilles concessions ne peuvent satisfaire ni les amis de la vérité, ni ceux de la fable. Quant à M. Six (*Le satrape Mazaios*, NC 1884, 110 et suiv.), il est surtout choqué par le parallélisme factice des rois de Cappadoce et des grands rois contemporains, et cherche à l'expliquer par une double série de bas-reliefs iconiques, disposés en regard les uns des autres : hypothèse ingénieuse, mais bien inutile. François Lenormant accepte intégralement le récit de Diodore. (*Monnaies dans l'antiquité*, II, 13).

*nom* ni *un seul fait* dont l'insertion dans cette liste ne s'explique aisément par des motifs religieux, politiques ou personnels [1]. J'ajoute que les généalogies semblables des rois d'Arménie et de Pont ont exactement la même valeur.

L'excuse de Diodore, c'est qu'il ne présente son petit roman que comme l'exposé des prétentions des rois de Cappadoce : « ὅτι λέγουσιν ἑαυτοὺς οἱ τῆς Καππαδοκίας βασιλεῖς εἰς Κῦρον ἀναφέρειν τὸ γένος » ; il a fait des dupes sans être dupe lui-même.

### DEUXIÈME PÉRIODE

### (333-100 av. J. C.)

#### Dynastie des Ariarathe

C'est l'époque de la pleine indépendance. Les soixante-quinze premières années sont un âge de transition et de formation. Pendant les soixante-quinze suivantes domine l'influence des Séleucides ; depuis la bataille de Magnésie (189), l'influence romaine.

Je donne succinctement la liste des souverains de la Cappadoce durant cette période, telle qu'elle résulte des auteurs, avec les dates essentielles de leurs rè-

---

[1] Ce dernier mot fait allusion au couple Ariarathès-Holophernès, qui n'est peut-être qu'un précédent mythique et *à tendance* inventé par les partisans d'une réconciliation entre les deux frères bien authentiques Ariarathe V Eusèbe Philopator et Oropherne (158 av. J.-C.). Ce trait donnerait la date exacte de la confection *définitive* de notre généalogie. Comparer l'explication par Mommsen de la légende de Romulus et de Rémus, allégorie du gouvernement consulaire.

gnes. Je n'indique que les surnoms mentionnés par les écrivains [1].

### 1. *Ariarathe Ier*

Né en 404 (Lucien), mort en 322. Suivant Diodore, fils d'Holopherne et adopté par son oncle Ariarathe l'ancien. Il a lui-même pour frère Arysès [2]. Il profite du bouleversement causé par l'expédition d'Alexandre pour s'ériger en satrape indépendant de la Cappadoce à la place du Perse Sabictas, institué satrape par le conquérant macédonien en 333 [3]. En 322 Perdicas et Eumène le battent et le mettent en croix avec toute sa famille, hormis son fils, qui s'enfuit en Arménie.

(Interrègne de vingt ans pendant lesquels la Cappadoce est gouvernée par des satrapes macédoniens : Eumène † 316, Nicanor † 312 et Amyntas † 301.)

### 2. *Ariarathe II* (301-? 280)

Fils du précédent. Profitant des dissensions des généraux d'Alexandre, il reconquiert la Cappadoce sur

---

[1] En ce qui concerne le numérotage des Ariarathe, il y a presque autant de systèmes que d'auteurs. J'ai suivi Eckhel et Clinton pour ne pas déranger des habitudes prises, mais on verra tout à l'heure que, pour être vraiment exact, il faudrait appeler Ariarathe Ier notre Ariarathe III. Mionnet et Visconti, qui admettent l'existence du premier Ariarathe de Diodore, élèvent tous les chiffres d'Eckhel d'une unité. Meyer donne le chiffre I au « nouveau fondateur » du royaume, Ariarathe II; ses chiffres sont donc, inversement, d'une unité plus faibles que ceux d'Eckhel, mais, comme il intercale un roi après Ariarathe Philopator, ses derniers numéros coïncident avec les miens.

[2] Ces renseignements, dus à Diodore dans le fragment cité, sont suspects. Arysès est peut-être Asysès, satrape de Sinope. (Voir plus haut.)

[3] Arrien II, 4. Sabictas est évidemment un Perse. Comparez Σαβάχθας, Menand. Prot. fr. 36. Q. Curce (III, 4, 1) l'appelle Abistamène.

Amyntas, lieutenant d'Antigone, avec l'appui du roi d'Arménie Ardoatès (301).

### 3. *Ariaramne* (? 280-? 230).

L'aîné des trois fils du précédent. Célèbre par son amour pour ses enfants [1].

### 4. *Ariarathe III* (? 230-220)

Fils aîné du précédent. Associé au trône du vivant de son père et marié par lui à Stratonice, fille d'Antiochus II Théos (261-246) [2].

### 5. *Ariarathe IV* (220-163)

Fils du précédent. Succède très jeune à son père [3]. D'abord allié d'Antiochus III le Grand, il devient après Magnésie (189) l'allié des Romains et d'Eumène II, roi de Pergame. D'un premier mariage il eut une fille,

---

[1] La longue durée que j'assigne au règne de ce prince repose sur deux raisons : 1° Diodore fait régner 50 ans le fabuleux Ariamnès (= Ariaramne), son homonyme. 2° D'après Justin (37, 3), Antiochus Hierax, vaincu en 230, se réfugie encore auprès d'Ariaramne.

[2] Visconti ajoute que la fille d'Ariaramne épousa le second fils d'Antiochus II, Antiochus Hierax. Cette assertion repose sur le passage de Justin (37, 3), cité à la note précédente, d'après lequel Hierax se serait réfugié auprès de son *beau-père* Ariamènès (Ariaramne). Mais Justin emploie ici le mot *socer* dans un sens très large (beau-père de la sœur); en réalité Hierax avait épousé la fille de Ziaélas, roi de Bithynie (Eusèbe I, 40, 10 Migne = I, 251, 39 Schœne). Droysen s'est aussi trompé à ce sujet. (*Hell.* III, 384, note 2.)

[3] Justin, qui le confond avec Ariarathe III, dit à tort que son père l'associa au trône de son vivant (XXIX, 1).

Stratonice [1], qui épousa successivement Eumène (188) et son frère Attale (159). De son second mariage avec Antiochis, fille d'Antiochus le Grand (192) il n'eut longtemps pas d'enfants, ce qui détermina la reine à lui présenter deux fils supposés, Ariarathe et Oropherne. Plus tard, elle mit au monde un fils légitime, Mithridate, et deux filles. Les fils supposés furent envoyés l'un à Rome, l'autre en Ionie. Mithridate succéda à son père sous le nom de

### 6. Ariarathe V Philopator (163-130)

Ce prince, peu d'années après son avènement, s'attira l'inimitié de Démétrius Soter, roi de Syrie, dont il avait refusé la sœur. Démétrius appuya les prétentions du faux prince Oropherne, qui s'empara du trône (158). Ariarathe, réfugié à Rome, reconquit bientôt son royaume, avec l'appui de son beau-frère Attale II [2].

[1] Le premier mariage est mentionné par Tite-Live (38, 39, 6); le second et le nom de la fille d'Ariarathe nous sont connus par deux inscriptions de Bisanthe trouvées par Mordtmann (Mommsen, *Hermès* IX, 117. Dittenberger, *Sylloge* nos 224 et 225) : 1° Ὑπὲρ βασιλέως Ἀττάλου φιλαδέλφου καὶ βασιλίσσης Στρατονίκης Ἰώτας Δημητρίου. 2° Ὑπερ... (κ. τ. λ.) Στρατονίκης Ἑστιαῖος Ἰξιμάρου. Ces inscriptions confirment un récit de Plutarque (*De frat. am.* 18 p. 489 d. Cf. *Reg. et imp. apophth.* p. 184 a). D'après ces textes je restitue ainsi le n° 2280 du C. I. G. (Délos) : ὁ δῆμος ὁ Ἀθηναίων βασίλισσαν Στρατονίκην βασιλέως Ἀρια[ρ]ά[θου], ἀρετῆς ἕνεκεν etc. Le premier éditeur, pensant à la femme d'Ariarathe III, avait admis l'ellipse insolite de γυναῖκα. Boeckh, sans ombre de raison, restituait la forme impossible Ἀρια[β]α[ρζάνου], pensant à une fille d'ailleurs inconnue d'Ariobarzane III (comme si à cette époque les souverains étrangers se faisaient encore représenter par des dédicaces à Délos!). M. Meyer fait de Stratonice la sœur, et non la femme, d'Ariarathe IV, contrairement au texte formel de Tite-Live.

[2] Ariarathe et Attale s'étaient fait recevoir citoyens athéniens et inscrire au dème de Sypallète. Dittenberger n° 220 : Καρνεάδην Ἀζηνιέα Ἄτταλος καὶ Ἀριαράθης Συπαλλήτ[ιοι] ἀνέθηκαν. Il s'agit du philosophe Carnéade, correspondant d'Ariarathe (Diog. Laerc. IV, 65).

Ariarathe V est le plus grand roi de la Cappadoce. Sous son règne le pays s'hellénise. Il intervient avec succès dans les affaires de Syrie, de Commagène, d'Arménie, de Pergame, et meurt en combattant pour les Romains dans la guerre d'Aristonic.

### 7. *Ariarathe VI* (130- ? 112)

Dernier fils du précédent, auquel il succède tout enfant. Sa mère, que Justin appelle Laodice, fit périr ses cinq fils aînés pour prolonger sa régence; soustrait à ses fureurs, Ariarathe devint roi effectif après le meurtre de la reine-mère. Il épousa Laodice, fille de Mithridate V Evergète, roi du Pont, et en eut deux fils, nommés Ariarathe, et une fille, Nysa, mariée au prince royal de Bithynie, Nicomède Philopator [1]. Il meurt assassiné par un noble cappadocien, Gordios, et laisse le trône à son fils aîné :

### 8. *Ariarathe VII* (? 112- ? 100)

Ce prince était encore un enfant. Le roi de Bithynie, Nicomède II Epiphane, se fit épouser par la reine-mère, Laodice, et occupa le royaume. Mithridate VI Eupator, roi du Pont, prit fait et cause pour ses neveux, chassa les Bithyniens et restaura Ariarathe VII. Plus tard, les deux rois se brouillèrent; Mithridate poignarda Ariarathe en présence des deux armées et mit à sa place son propre fils, âgé de huit ans, auquel il donna le nom d'Ariarathe (IX). Les Cappadociens se

---

[1] Licinianus, p. 36 (Bonn).

révoltent contre l'usurpateur et rappellent de l'Asie romaine le second fils d'Ariarathe VI :

### 9. *Ariarathe VIII* (? 100-97)

Ce jeune prince est battu par Mithridate et meurt peu après. Avec lui s'éteint la descendance mâle des Ariarathe.

Diodore, cité par le chronographe Georges Syncelle[1], compte sept rois de Cappadoce, ayant régné ensemble cent soixante ans. Il ne s'agit évidemment que de la dynastie des Ariarathe. Or la liste précédente, où je n'ai fait entrer ni Oropherne ni Ariarathe IX, considérés comme usurpateurs, compte neuf rois ayant régné environ 235 ans. Pour concilier ces données, il faut admettre que les deux premiers Ariarathe et Ariaramne lui-même, pendant une partie de son règne, n'ont pas porté le titre de rois. Je démontrerai plus loin que l'élection d'Ariobarzane se place en 96 av. J.-C. et l'extinction des Ariarathides entre 100 et 96. La cent soixantième année avant cette date tombe donc entre 260 et 256 : c'est le point de départ de la royauté cappadocienne. Or cette date coïncide précisément avec le mariage du fils d'Ariaramne, plus tard Ariarathe III, avec Stratonice, fille d'Antiochus II Théos. (La date n'est pas donnée exactement par Eusèbe, mais se place forcément entre 260 et 250, limites du règne d'Antiochus.) C'est l'époque remarquable où les Séleucides, renonçant à gouverner directement l'Asie antérieure, changent de politique et cherchent à s'ap-

---

[1] Syncelle, *Chronog.* p. 275 C. — Diodore XXXI, 19, 9 (Dindorf).

puyer par des mariages sur les dynasties locales écloses depuis la mort d'Alexandre. De cette évolution datent, outre le mariage de Stratonice avec Ariarathe, ceux de la deuxième fille d'Antiochus Théos avec Mithridate II du Pont et de son fils puîné Antiochus Hiérax avec la fille de Ziaélas, roi de Bithynie [1]. Nous savons par Justin que la deuxième fille d'Antiochus reçut en dot la Grande Phrygie. Quelle fut la dot de Stratonice ? C'est Strabon qui va nous l'apprendre. « Les Cappadociens et les Cataoniens, quoique peuples de même famille, dit-il, étaient divisés, jusqu'à ce qu'Ariarathe, qui le premier s'intitula roi des Cappadociens, les eut réunis » [2]. Conclusion : la dot de Stratonice fut la Cataonie ou du moins les droits assez théoriques que les Séleucides avaient sur cette province. Le passage de Strabon tendrait à faire croire que le titre de roi ne fut pas pris par Ariaramne, mais seulement par son fils ; en ce cas, l'avènement de celui-ci remonterait à 256. Mais je pense que Strabon a seulement voulu dire qu'Ariarathe III est le premier prince cappadocien qui, dès son avènement, ait pris le titre de roi ; il est probable qu'Ariaramne, dès qu'il eut été admis par cette brillante union dans la famille des rois macédoniens, s'institua roi lui-même et conféra le même ti-

---

[1] Eusèbe (Migne) I, 40, 6-10. Justin 38, 5, 3. Les Séleucides sont les Hapsbourg de l'Asie hellénique. *Tu, felix Syria, nube*. Droysen a supposé, avec quelque vraisemblance, que la restauration d'Ariarathe II en 301 s'était déjà faite avec le consentement tacite de Séleucus, alors en guerre avec Antigone (*Hellénisme*, II, 516, trad. fr.).

[2] Strabon XII, 1, 2. Il y a un texte de Plutarque (*Démét.* 47) qui prouve que la Cataonie appartenait encore à Séleucus Nicator. Voir aussi Pline, V, 127. M. Meyer croit que, dans le texte de Strabon, il s'agit d'Ariarathe II, et cite Trog. prol. 17. Il n'est pas impossible que la Cataonie, conquise par Ariarathe II, ait été formellement cédée à Ariaramne.

— 19 —

tre à son fi's, qu'il associa au pouvoir ; peut-être lui donna-t-il à gouverner la Cataonie.

En résumé, la monarchie des Ariarathe fut reconnue entre 260 et 256 par les Séleucides, et à partir de ce moment les souverains cappadociens prirent le titre de rois. Les sept rois de Syncelle sont Ariaramne et six Ariarathe, à moins qu'on ne préfère substituer Oropherne au dernier Ariarathe, qui n'a pas régné. Dans une nomenclature rigoureuse, notre Ariarathe III devrait s'appeler Ariarathe I$^{er}$, mais il n'y a aucun inconvénient à conserver les numéros usuels, dès que le lecteur est prévenu [1]. Ces déductions recevront une confirmation éclatante des données de la numismatique.

Avant de passer au catalogue détaillé des monnaies de la dynastie des Ariarathe, je crois devoir présenter un tableau sommaire des 17 types qui nous sont parvenus de cette période. Ce tableau facilitera un coup d'œil d'ensemble sur la matière et livrera immédiatement des résultats importants [2].

---

[1] Diodore lui-même, dans un passage où il oublie son système, donne à Ariarathe I$^{er}$ la simple qualification de Καππαδοκίας δυνάστης (Diod. XVIII, 16). — On voit par ce qui précède combien M. Meyer (Gesch. Pontos, p. 53, note 2) a tort de qualifier d'*unbrauchbar* le renseignement de Syncelle. Ce texte est, au contraire, le plus important que nous possédions pour la fixation de la chronologie des Ariarathe. M. de Gutschmid a déjà protesté contre le dédain de M. Meyer, mais il s'est trompé en faisant entrer Laodice-Nysa dans la liste des 7 rois.

[2] Dans ce tableau le premier chiffre est un numéro d'ordre. Viennent ensuite l'indication du métal et du module (je désigne toutes les drachmes par 4, tous les tétradrachmes par 8, sans tenir compte des fractures accidentelles), la figure du droit, celle du revers (séparée du droit par =), la légende et la date *la plus élevée* qu'on ait rencontrée pour le type. Quand

I

2. *Ar.* 4. Tête de femme = Aigle sur dauphin. *Ariorath* (en araméen).

3. *Ar.* 4. Baal assis = *Bâl Gazour* (en araméen), Griffon sur cerf. *Ariorath* (en araméen).

4. *Æ.* 2 ½. Archer visant = Ibex. *Ariorath* (en araméen).

II

5. *Æ.* 5. Portrait casqué = Cavalier au galop. Ἀριαράμνου.

5 *bis*. *Æ.* 5. Même portrait = Cheval paissant.

5 *ter*. *Æ.* 4. Portrait casqué = Cavalier au galop. Ἀριάς.

III

6. *Æ.* 4. Portrait casqué = Pallas armée debout. Βασιλέως Ἀριαράθου.

7. *Ar.* 8. Portrait diadémé = Pallas Nicéphore assise. B. Ἀριαράθου. An 4 (?).

IV

8. *Ar.* 8. Portrait diadémé = Pallas Nicéphore debout. B. Ἀριαράθου Εὐσεβοῦς. An 30.

9. *Ar.* 4. Même portrait = Même type. B. Ἀριαράθου Εὐσεβοῦς. An 33, 53 (?).

cette date est contestée pour une raison quelconque, j'indique également la date la plus élevée après elle. L'explication des groupes (marqués par des chiffres romains) sera donnée plus loin. Je ne donne ni les monogrammes, ni les lettres du champ.

10. *Ar.* 8. Portrait diadémé = Même type. B. Ἀριαράθου Εὐσεβοῦς Φιλοπάτορος. An 3.

11. *Ar.* 8. Même portrait = Même type. B. Ἀριαράθου Ἀριαράθου Φιλοπάτορος. An 5 (?).

11 *bis. Ar.* 8. Même portrait = Même type. B. Ἀριαράθου Εὐσεβοῦς. An 1.

12. *Ar.* 4. Même portrait = Même type. B. Ἀριαράθου Εὐσεβοῦς. An 3.

13. *Ar.* 8. Portrait diadémé = Victoire ailée. B. Ὀροφέρνου Νικηφόρου.

14. *Ar.* 4. Tête de reine et de jeune roi = Pallas Nicéphore assise. Βασιλίσσης Νύσης καὶ βασιλέως Ἀριαράθου Ἐπιφανοῦς τοῦ υἱοῦ.

15. *Ar.* 4. Portrait diadémé = Pallas Nicéphore debout. Βασιλέως Ἀριαράθου Ἐπιφανοῦς. An 15, 18 (?).

16. *Ar.* 4. Portrait diadémé = Même type. B. Ἀριαράθου Φιλομήτορος. An 12.

17. *Ar.* 8. Portrait diadémé = Pégase, astre, croissant, couronne de vigne. B. Ἀριαράθου Εὐσεβοῦς Φιλοπάτορος.

18. *Ar.* 4. Même portrait = Pallas Nicéphore debout. B. Ἀριαράθου Εὐσεβοῦς. An 13.

L'ordre que j'ai suivi dans ce tableau, sans rien préjuger du classement définitif, n'a rien d'arbitraire. J'ai énuméré :

1° Les monnaies à légende araméenne (2-4).

2° Les monnaies à légende grecque, sans titre royal (5-5 *ter*).

3° Les monnaies où figure le titre royal sans surnom (6-7).

4° Les monnaies qui donnent à la fois le nom du roi,

le titre royal, un ou plusieurs surnoms et généralement une date (8-18)

Tout lecteur tant soit peu familiarisé avec la numismatique grecque reconnaîtra que ce groupement répond à l'ordre chronologique. L'écriture araméenne a cédé la place à l'écriture grecque au temps des premiers successeurs d'Alexandre; le titre de dynaste a précédé celui de roi; les surnoms ne se sont introduits que plus tard encore, en partie afin d'éviter les équivoques et pour tenir lieu des numéros d'ordre, inconnus aux royaumes grecs comme aux royaumes du moyen âge.

On remarquera en outre que les changements de types correspondent avec les limites de chaque groupe, quoique celles-ci n'aient été déterminées que par les variations de la légende. Dans le groupe I, le *droit* n'est pas iconique; il l'est toujours au contraire dans les groupes suivants; mais tandis que la tête du souverain est casquée dans les types 5 à 6, elle est toujours diadémée à partir du type 7. Quant au revers, tandis que les groupes I et II présentent des types variables, la Pallas apparaît dans le groupe III et prend un caractère immuable dans le groupe IV, où elle a toujours la forme d'une déesse debout, armée et *nicéphore*. Il n'y a d'exceptions que pour les numéros 13, 14 et 17, mais ces exceptions, qui seront expliquées en temps et lieu, ne font que confirmer la règle générale.

Le rapprochement de notre tableau avec la chronologie des rois permet d'identifier aussitôt la plupart des médailles.

Le classement des trois premiers groupes résulte immédiatement de la monnaie d'Ariaramne (n° 5) qui appartient sans contestation possible au seul roi de ce nom figurant dans la liste authentique des princes cappadociens. Comme la légende de cette monnaie est en grec, les numéros 2-4, à légende araméenne, lui sont antérieurs et appartiennent aux deux Ariarathe qui ont précédé Ariaramne. De même les numéros 6-7, présentant le titre royal qui ne figure pas encore sur la monnaie d'Ariaramne, lui sont postérieurs et appartiennent l'un et l'autre à Ariarathe III ; on expliquera la variante des deux types.

Le 4ᵉ groupe comprend les pièces à surnoms. Le classement des tétradrachmes (nᵒˢ 8, 10, 11, 13, 17) est plus facile que celui des drachmes, car ils donnent la titulature *in extenso*. 10, 11 et 11 *bis*, qui sont identiques (sauf une particularité de la légende à expliquer), appartiennent sans difficulté à Ariarathe V Philopator, dont le surnom est transmis par Diodore ; ces tétradrachmes nous apprennent que ce prince s'appelait Eusèbe Philopator. On doit en conclure que le tétradrachme nᵒ 8, qui ne porte qu'un seul surnom, lui est antérieur, et appartient par conséquent à son père, Ariarathe IV (Eusèbe). Cette attribution est confirmée par l'identité des portraits figurés sur le tétradrachme nᵒ 8 et les drachmes nᵒ 9 qui, à cause de leurs dates les plus élevées, ne peuvent appartenir qu'à Ariarathe IV, dont le règne est le plus long de la dynastie. Le tétradrachme nᵒ 13 a évidemment été frappé par l'usurpateur Oropherne. Quant au tétradrachme nᵒ 17, les emblèmes pontiques du revers et la ressemblance saisissante du portrait avec celui de Mithridate obligent de le donner à Ariarathe IX, fils de ce roi. On remarquera qu'il prit, comme Ariarathe V dont il prétendait descendre, les surnoms d'Eusèbe et de Philopator.

Passons aux drachmes. Trois espèces de drachmes présentent le même surnom, Eusèbe : ce sont les n°ˢ 9, 12, 18. Ces drachmes appartiennent, à cause de la dissemblance des portraits, à trois rois différents, et en les rapprochant des tétradrachmes des trois rois qui portent le surnom d'Eusèbe, on voit sans peine que 9 appartient à Ariarathe IV Eusèbe, 12 à Ariarathe V Eusèbe Philopator, 18 à Ariarathe IX Eusèbe Philopator. Il est vrai que ce dernier type porte au revers les emblèmes cappadociens, tandis que le tétradrachme correspondant (n° 17) porte les emblèmes pontiques, mais cette différence s'expliquera historiquement.

Il ne reste donc de réellement incertains que les types 14-15 (Epiphane) et 16 (Philométor). Comme nous n'avons plus que deux rois disponibles dans la série, Ariarathe VI et VII (le second fils d'Ariarathe VI, Ariarathe VIII, n'ayant eu qu'un règne tout à fait éphémère, ne peut être l'auteur de monnaies qui portent des dates élevées), il est clair que nos drachmes doivent se distribuer entre ces deux rois. Ariarathe VI a tué ou laissé tuer sa mère; il ne peut donc guère s'appeler Philométor [1]; on est donc conduit à identifier Epiphane avec Ariarathe VI, Philométor avec Ariarathe VII. Cette présomption, déjà confirmée par le type n° 14, est devenue une certitude par la décou-

---

[1] Les surnoms « par antiphrase » n'ont jamais pu figurer dans une titulature officielle, pas plus que les sobriquets populaires (Monophthalmos, Grypos, etc.). Si Antiochus VIII qui fit mourir sa mère porte le surnom de Philométor, c'est qu'il l'avait pris dès les premières années de son règne où il vivait en fort bonne intelligence avec elle, tandis qu'Ariarathe VI fut soustrait de bonne heure à la tutelle de la sienne.

verte de l'inscription suivante, recueillie par mon frère à Délos, près du sanctuaire des Cabires [1] :

ΦΙΛΟΜΗΤΟΡΑ
ΒΑΣΙΛΕΑ ΑΡΙΑΡΑΘΗΝ ΒΑΣΙΛΕΟΣ (sic)
ΑΡΙΑΡΑΘΟΥ ΕΠΙΦΑΝΟΥΣ
ΚΑΙ ΦΙΛΟΠΑΤΟΡΟΣ Ο ΙΕΡΕΥΣ ΗΛΙΑΝ [αξ
ΑΣΚΛΗΠΙΟΔΩΡΟΥ ΑΘΗΝΑΙΟΣ ΘΕ [οῖς

La dédicace était placée au bas d'un médaillon de marbre. Elle date certainement de la fin du II⁰ siècle av. J.-C., car le même Hélianax, prêtre à vie du sanctuaire des Cabires, dédie des monuments tout semblables à Antiochus Epiphane Philométor Callinicos, c'est-à-dire Antiochus VIII Grypos (125-96), à des amis de Mithridate VI Eupator (avènement en 120) et à un Arsace qui ne peut être qu'Arsace IX Mithridate II (124-89). La dédicace nous apprend définitivement qu'Epiphane (n⁰ˢ 14 et 15) est bien le père de Philométor (n⁰ 16) et qu'on a la succession suivante :

Ariarathe III,
Ariarathe IV *Eusèbe*,
Ariarathe V Eusèbe *Philopator*,
Ariarathe VI *Epiphane* Philopator,
Ariarathe VII *Philométor*.

Remarquons que pendant trois générations chaque roi adopte le surnom, ou le surnom caractéristique

---

[1] Salomon Reinach, *Fouilles à Délos, Bulletin de correspondance hellénique*, VII (1883), p. 348. Le mot φιλομήτορα avait sans doute été omis par distraction ; la lapicide s'est aperçu de son erreur et a rétabli le mot en surcharge et en petits caractères. Remarquer l'accusatif Ἀριαράθην qui, joint à la forme Ἀριαράθου de toutes les monnaies, prouve qu'au moins dans la langue officielle Ἀριαράθης était de la 1ʳᵉ déclinaison. Il en est de même de Νικομήδης.

de son père en y ajoutant le sien propre : le surnom paternel sert en quelque sorte de patronymique, et marque immédiatement la place du roi dans la série. Cet usage pieux, qui établit une sorte de continuité entre les rois, semble particulier à la Cappadoce; on en rencontre cependant des exemples isolés dans d'autres pays. Ainsi, en Syrie, les deux fils d'Antiochus VIII Epiphane Philométor Callinicos s'intitulent l'un Epiphane Philadelphe, l'autre Epiphane Philopator Callinicos. De même en Bithynie, le fils de Nicodème II Epiphane s'appelle très probablement Epiphane Philopator.

Maintenant que les grandes lignes de la classification sont fixées, je vais reprendre un à un nos types pour examiner les objections et réfuter les attributions divergentes.

N. 2.[1] Tête de femme à gauche (nymphe Sinope) avec pendants d'oreilles. Devant, aplustre. Dans le champ quelquefois les lettres ponctuées עם (OM) ou simplement ע. Le tout dans un cercle perlé.

₰ אריורת (ARIORATH). Aigle sur dauphin.

Ar. Drachme. Poids : 5 grammes 25.

Cette monnaie ne se distingue de celle de Datame que par son poids qui est plus faible [2] et par la légende

---

[1] Waddington RN 1861,5 (= *Mélanges*, I, 83, 2-4). Luynes, pl. V, 4. Brandis, p. 427. Six NC 1884, 110 ; 1885, 30. M. Six voit dans les caractè.es עם le mot « peuple », pour remplacer le nom des Sinopéens, qui figure sur les monnaies autonomes. Je crois cette interprétation bien forcée.

[2] Dans la suite de ce travail je n'indiquerai plus les poids, qui n'ont pas d'importance pour l'objet que je poursuis. Je rappelle simplement que les drachmes des derniers Ariarathe ne pèsent plus que 4 gr. 25 et que celles des Ariobarzane sont encore plus faibles.

araméenne. Elle appartient très probablement à Ariarathe I$^{er}$, le satrape vaincu par Perdiccas et Eumène, qui, d'après les auteurs, étendit sa domination sur la côte jusqu'à Trébizonde [1]. (Droysen l'attribue sans aucune raison à Ariarathe II, qui n'a pas occupé Sinope.) Je ne saurais dire si elle a été frappée avant ou après la conquête d'Alexandre qui, on le sait, ne toucha pas à Sinope. En 334, Ariarathe n'était certainement pas satrape de la Cappadoce propre, puisque Mithrobouzanès figure en cette qualité au Granique. Alexandre nomma à sa place le Perse Sabictas, mais il semble que ce choix, qui révélait des vues élevées de conciliation entre les races, ne fut pas accepté par les populations, puisqu'en 331 Ariakès figure à la tête des Cappadociens à la bataille de Gaugamèle. Cet Ariakès est-il identique à notre Ariarathe ? doit-on plutôt l'assimiler au frère que lui donne Diodore, Arysès? est-il un troisième personnage, distinct de ces deux satrapes? On peut choisir entre ces diverses hypothèses. La plus probable me paraît être qu'Arysès ou Asysès était hyparque de la Cappadoce pontique et qu'après la mort de Mithrobouzanès, son frère Ariarathe (= Ariakès) [2] fut nommé satrape de la Cappadoce taurique par Darius, avec mission d'en chasser le transfuge Sabictas. Il réussit dans cette entreprise, combattit bravement à Gaugamèle avec son contingent cappadocien, mais, après cette bataille, désespérant de la

---

[1] Diodore XVIII, 16 (contredisant XXXI, 19). Plutarque, *Eumène* 3. Appien *Mith.* 8. Lucien *Macrob.* 13. Q. Curce X, 10, 3-4. Justin XIII, 6. La plupart de ces récits dérivent d'Hiéronyme de Cardie.

[2] Ariarathe est un nom souvent maltraité par les auteurs. Il devient Arathès chez Memnon (§ 30) et Arcathias chez Appien (*Mith.* 48).

fortune de Darius, il se déclara indépendant dans sa satrapie et y ajouta celle de son frère Asysès, mort dans l'intervalle. C'est à ce moment, c'est-à-dire vers 330, qu'il frappa monnaie à Sinope. Les caractères araméens qu'il continue à employer marquent que son mouvement était une tentative de réaction contre l'invasion helléno-macédonienne.

N. 3[1] בעלגזור (BALGZOUR). Baal (quelquefois la tête de face) assis à gauche, la main gauche appuyée sur un sceptre, le bras droit tendu, tenant épi, aigle et grappe.

℞. אריורת (ARIORATH). Griffon dévorant cerf à gauche.

*Ar.* Drachme. Poids : 5 grammes 48.

Malgré la différence des types, tous les auteurs attribuent, avec raison, cette drachme au même Ariarathe Ier. La monnaie de Sinope, d'un poids plus faible, avait une destination purement locale, celle-ci était la monnaie ordinaire, destinée notamment à la solde des nombreux mercenaires (30,000 fantassins, 15,000 cavaliers) que le vieux satrape avait rassemblés. Pour faciliter la circulation de ces pièces, le type du revers fut exactement copié sur le Baal de Tarse des monnaies ciliciennes (aux noms de Tarcamos, Mazaios, etc.), qui étaient fort répandues. Quant au type du droit, c'est une imitation libre de motifs analogues (lion dévorant cerf ou taureau) qui figurent sur les monnaies de Tarse, de Byblos et de Citium [2].

---

[1] Cabinet de France. Waddington, Brandis, Six *loc. cit.* Luynes pl. V, 2. La différence de poids entre les types n° 2 et n° 3 peut fournir un argument aux numismatistes qui préféreraient attribuer la drachme de Sinope à l'oncle de notre Ariarathe, le premier Ariarathe de Diodore.

[2] On retrouve le type du griffon dévorant un cerf : 1° sur une des mon-

La lecture *Baal Gazour* ou *Gazir* semble indiquer que notre pièce a été frappée à Gaziura. Cette ville, dans une situation très forte sur le haut Iris, est appelée par Strabon une ancienne résidence royale, παλαῖον βασίλειον [1]. On voit qu'Ariarathe la choisit pour capitale ; il rayonnait de là au nord jusqu'à la mer Noire, au sud jusqu'au Taurus. Lorsque son fils revint d'exil, vingt ans plus tard, il dut trouver le bassin de l'Iris déjà conquis par Mithridate Ctistès qui, cette même année (301), fondait le royaume de Paphlagonie-Cappadoce (plus tard, royaume du Pont). Voilà pourquoi il reporta ses efforts plus au sud, dans la région qui s'étend entre le moyen Halys et le Taurus. La Cataonie resta provisoirement en dehors de sa sphère d'action.

N. 4[2]. Archer visant à droite.

℞. לאריורת (L-ARIORath?) Ibex debout à droite. Æ 2 ½.

L'attribution de cette pièce est difficile, car sur l'exemplaire unique qu'on en possède la légende est peu lisible. Néanmoins la lecture *Ariakès*, proposée

---

naies grecques de Vélia (Italie); 2° sur deux monnaies de Bogud II, roi de la Mauritanie occidentale au 1er siècle av. J. C. (Muller, *Num. de l'Afrique*, III, 95.)

[1] Strabon, XII, 3, 15. Baal n'est que la traduction sémitique du dieu céleste cappadocien, que les Grecs rendent par Zeus ou Apollon (Strabon XII, 2, 5; Diodore XXXI, 34). Gaziura doit être rapproché de Gazouron sur la côte de Paphlagonie (*Anon. Perip. Ponti* 23 = *Geog. min.* Didot I, 407) et des nombreuses villes ou provinces composées avec le radical Gaza qui abondent particulièrement dans la région de l'Halys (Gazacene, Gazaluitis, Gazelonitis, etc.). Pour les essais d'étymologie, voir Stark, *Gaza*, p. 46-52.

[2] Exemplaire unique à Berlin. Merzbacher, *Wiener num. Zeitschrift*, III, (1871), p. 428. Blau, ZN, 1877, p. 98. Six NC. 1884, 120 (note 38); 1885, 30-31.

par Blau, est invraisemblable; *Ariaramne* serait admissible, mais on verra tout de suite que ce dynaste a adopté l'écriture grecque et des types tout différents. Il ne reste donc de possible qu'Ariarathe, et comme il serait singulier qu'Ariarathe I<sup>er</sup> eût adopté des emblèmes et une forme grammaticale différents pour ses pièces d'argent et de bronze, j'attribue la pièce à son fils Ariarathe II, le restaurateur de la principauté cappadocienne, dont on ne connaît pas d'ailleurs d'autre monnaie. Le métal et l'exécution de cette pièce annoncent un chef de bandes plutôt qu'un roi. L'archer est un souvenir des dariques ou des monnaies des satrapes de Cilicie frappées à Soloi: les Ariarathe étaient vraisemblablement de bonne race iranienne et voulaient renouer la tradition perse, chère à la noblesse cappadocienne. L'ibex est emprunté à d'anciens bronzes, d'origine incertaine, dont le revers est copié sur les drachmes d'Amisos. L'ibex ou bouquetin est un animal des régions montagneuses, et il est en effet probable qu'Ariarathe s'exerça pendant quelque temps au métier de la guerre dans les gorges de l'Antitaurus avant de se risquer à descendre dans la plaine de Mazaca.

N. 5 [1]. Tête coiffée d'un casque plat en haut et terminé derrière par une pointe. Cercle perlé.

℞. **ΑΡΙΑΡΑΜΝΟΥ**. Cavalier au galop, tenant une lance, à droite; monogramme composé de αμω ou αμρ.
Æ 5.

Cette monnaie a d'abord été attribuée à l'un des

---

[1] Friedlænder, ZN, IV, 268 (fig.). Six, NC, 1884, 120. Imhoof, *Portraits*, p. 23. (Exemplaire unique à Berlin.)

anciens rois mentionnés par Diodore (Artamnès, Arimnaios, Ariamnès) dont les noms dérivent d'Ariaramne; mais nous avons vu que ces personnages n'ont jamais existé que dans l'imagination de leurs successeurs. On ne saurait songer davantage au satrape authentique de Ctésias, qui vivait au temps de Darius I$^{er}$. Il ne reste de possible, comme l'a déjà vu M. Imhoof Blümer, que le 3$^e$ dynaste de Cappadoce dont le nom, écrit Ἀριάμνης par Diodore, et *Ariamenes* ou *Artamenes* par Justin, nous apparait ici avec sa véritable orthographe.

Ce prince est le premier de la série qui ait fait reproduire son portrait sur ses monnaies; il est aussi le premier qui ait substitué l'écriture grecque à l'écriture araméenne. Ces innovations indiquent un rapprochement avec la civilisation hellénique. Néanmoins c'est encore une monnaie de combat, qui date probablement de la première partie du règne, antérieure au mariage de 260 ou 256 : ce qui le prouve, c'est surtout l'absence de bandeau et de titre royal.

La coiffure de notre Ariaramne parait être une sorte de casque en cuir, terminé en pointe. Elle a quelque analogie avec certaines coiffures militaires de la *Mosaïque d'Issus*, mais elle doit surtout être rapprochée de celles qu'on trouve sur une série de médailles de bronze, récemment étudiées par Friedlænder [1].

M. Waddington possède une monnaie de bronze de même module que le n° 5 et dont le droit est

---

[1] ZN, IV, 266; X, 165. Cp. Blau, NZ (de Vienne) IX, 106. Le casque en cuir se trouve encore sur les monnaies des deux premiers Arsace, qui sont contemporains d'Ariaramne. On le verra encore sur la monnaie n° 6.

identique. Sur le revers on voit un cheval paissant à droite; au-dessus le monogramme composé de αμω; entre les jambes du cheval un sigle qui semble composé des lettres CE, à l'exergue un H renversé. Cette monnaie, que nous désignons sous le n° 5 *bis*, appartient évidemment à notre Ariaramne, quoique son nom y manque. Si on lit le monogramme αυρ, on pourra croire qu'il représente précisément le nom d'Ariaramne.

Friedlænder a décrit et rapproché des monnaies dites de Petite Arménie que je viens de mentionner, aux noms d'Anisadès (?) et de Morphilig (?), une pièce de bronze (n° 5 *ter*) très semblable à celle d'Ariaramne :

Tête casquée à droite.

ꝶ. Cavalier au galop lançant un javelot à droite; devant, palmier. Au-dessus : APIAO ; au-dessous ΔΣ. Æ 4 ¹.

Je dois à l'obligeance de M. Waddington la connaissance d'une pièce de la collection Amourel, absolument identique à la précédente, avec la seule addition du mot TYANA sous le sigle ΔΣ. Cet exemplaire plus complet nous fait connaître la provenance du n° 5 *ter*, et probablement aussi le sens du sigle ΔΣ qui doit se lire, à mon avis, δυνάστης plutôt que δσαρι (titre qui figure sur les bronzes de Friedlænder). Le dynaste Ariaos, dont le nom rappelle l'Ἀριαῖος de Xénophon, régnait à Tyane, dans le sud de la Cappadoce. Comme il ne figure pas dans la liste des rois cappadociens, j'incline à voir en lui un fils puîné d'Ariarathe II, qui, au rapport de Diodore, eut trois fils.

Friedlænder ZN VII, 229.

N. 6 [1]. Tête du roi coiffée d'un casque en cuir ou bonnet pointu, à gauche, dans un cercle perlé.

℞. ΒΑΣΙΛΕΩΣ ΑΡΙΑΡΑΘΟΥ. Déesse debout, à gauche, tenant la lance de la main droite, le bouclier de la main gauche.

Æ 4.

Cette monnaie est dans le style de la précédente. Le droit ne diffère que par les traits du visage et la pointe du casque ; le revers présente deux innovations : le titre royal et un nouveau type, vulgairement appelé Pallas. En réalité cette divinité n'est autre que la déesse nationale des Cappadociens, Mà, identifiée par les Grecs tantôt avec Artémis Tauropole, tantôt avec Enyo (Bellone), Pallas ou Séléné [2]. Elle avait un sanctuaire renommé à Comana, en Cataonie, et comme cette province ne fut incorporée à la Cappadoce que par le fils d'Ariaramne, Ariarathe III, auquel notre monnaie paraît appartenir, on comprend très bien pourquoi l'image de la déesse fait sa première apparition sur les médailles de ce prince. D'ailleurs, malgré le titre royal, je crois que cette pièce a été frappée avant la mort d'Ariaramne ; on sait, en effet, qu'à la suite du mariage d'Ariarathe avec Stratonice, le prince royal fut associé au trône par son père [3]. On peut espérer découvrir un jour des monnaies d'Ariaramne lui-même avec le titre de roi.

Blau, après Friedlænder, a rapproché notre mé-

---

[1] Friedlænder ZN, IV, 271 (fig.). Blau, ZN VII, 37. Imhoof, *Portraits*, p. 42. Cabinet de Berlin ; collection Waddington.

[2] Plutarque *Sulla*, 9, et les textes cités par Meyer, art. *Kappadokien*.

[3] Les exemples de princes associés au trône par leur père et qui prennent le titre de rois, sont fréquents : Démétrius Poliorcète, Antiochus Ier, etc.

daille d'une monnaie en bronze au nom de Mithradatès Calli(nicos) de Commagène (1ᵉʳ siècle av. J.-C.), avec laquelle ces auteurs lui trouvent une ressemblance frappante. Cette ressemblance ne m'apparaît pas au même degré : la coiffure n'est pas absolument identique, la Pallas de Mithradatès ne tient pas la lance dans la même main que celle d'Ariarathe, etc., je ne crois donc pas qu'il y ait aucune conclusion à tirer de ce rapprochement. D'ailleurs Blau n'en attribue pas moins notre pièce au fils d'Ariaramne, et je crois cette attribution d'autant plus plausible qu'il y a une certaine analogie entre la physionomie du roi représenté sur le n° 6 et le portrait du n° 7 dont l'identification est certaine.

N. 7 [1]. Tête du roi diadémée à droite avec commencement de vêtement.

℞. ΒΑΣΙΛΕΩΣ ΑΡΙΑΡΑΘΟΥ. Pallas assise à gauche, tenant dans la main droite une petite victoire ailée, de la main gauche une lance, et appuyée sur l'égide. Dans le champ, petite chouette sur grappe ; monogramme composé de ΑΠΕ ; à droite, Δ.

Ar. Tétradrachme.

L'attribution n'est pas contestée. Notre pièce appartient au même roi que la précédente, mais après son avènement définitif. Dans cet intervalle le pays, accru de la Cataonie, a gagné en richesse et l'on peut commencer à frapper des pièces d'argent, même des

---

[1] Cabinet de France. Eckhel, III, 196. Mionnet, IV, 442, 1 (pl. 67, 5). Visconti, II, 222 (pl. 44, 1). Borell n° 4. Imhoof, *Portraits*, V, 18. Cf. Friedlænder, ZN, IV, 13. Cette pièce est très rare. Ch. Lenormant, qui l'a reproduite dans son *Trésor de numismatique* (*Rois grecs*, pl. 33, 5), l'attribue à Ariarathe IV Eusèbe. (Je ne citerai guère que les planches de cet ouvrage, dont le texte est ici sans valeur.)

tétradrachmes. L'influence de la reine Stratonice a probablement amené dans la capitale des artistes grecs; le travail des monnaies s'en ressent. Il y a un abîme entre l'exécution de cette médaille et celle des précédentes. La tête du roi, avec ses rides profondes, ses traits d'une laideur énergique, est un portrait vivant; le diadème remplace le casque demi-barbare. Le bout de vêtement qui se dessine à la naissance du cou marque encore une époque de transition dans l'art. Au revers, la petite déesse informe du n° 6 a été remplacée par une figure assise, scrupuleusement copiée sur la Pallas Nicéphore des monnaies de Lysimaque et de Philétère, alors courantes en Asie ; peut-être une partie de la dot de Stratonice était-elle composée de ces pièces.

La chouette est un attribut de Pallas, qui indique peut-être un atelier monétaire. La lettre Δ est probablement une date régnale, quoique la place en soit insolite. Quant au monogramme ΑΠΕ, on peut y voir soit le nom d'un officier ou d'un atelier monétaire, soit une indication de mois : on trouve, en effet, dans le calendrier cappadocien un mois Ἀπομύλη, différemment orthographié [1].

N. 8 [2]. Tête du roi diadémée, à droite.

℞. ΒΑΣΙΛΕΩΣ ΑΡΙΑΡΑΘΟΥ ΕΥΣΕΒΟΥΣ. Pallas Nicéphore debout à gauche, tenant de la main gauche la

---

[1] Ideler, *Handbuch der Chronologie*, I, 442. — Les noms des mois cappadociens sont d'origine perse. Les deux pièces n°s 6 et 7 ne sont pas les seules monnaies qui portent simplement la légende Βασιλέως Ἀριαράθου Il en est d'autres qui appartiennent très probablement à la dynastie suivante (Ariarathe X) et qui seront décrites plus loin.

[2] Cabinet de France. Acquisition récente (1885). Un autre exemplaire appartient à M. de Hirsch.

lance et l'égide ; dans le champ trois monogrammes. Sous la Pallas, à l'exergue, ʌ (= an 30).

*Ar.* Tétradrachme.

N. 9 [1]. Tête du roi diadémée, à droite.

℟. ΒΑΣΙΛΕΩΣ ΑΡΙΑΡΑΘΟΥ ΕΥΣΕΒΟΥΣ. Pallas Nicéphore debout à gauche. Dans le champ, lettres et monogrammes divers. A l'exergue. dates : α, β, γ, δ (?), ε, ιβ, ιγ, κ (?), λ, λα, λβ, λγ (très fréquente), γν (?) = 1, 2, 3, 4 (?), 5, 12, 13, 20 (?), 30, 31, 32, 33, 53 (?).

*Ar.* Drachmes.

J'ai réuni ces deux types qui appartiennent évidemment au même prince, Ariarathe IV Eusèbe (220-163); on suit très bien dans la longue série des drachmes les progrès de l'âge sur la physionomie noble et placide de ce roi qui, à son avènement, était un adolescent. L'abondance particulière des drachmes de l'an 33 s'explique, à mon avis, par le payement de la grosse indemnité de guerre à laquelle Ariarathe fut condamné en 188 pour sa participation à la guerre d'Antiochus [2].

Ariarathe IV est, à notre connaissance, le premier roi de Cappadoce qui ait pris un surnom. Celui d'Eusèbe « le Pieux », qu'il a choisi, et dont les auteurs ne parlent point, n'avait encore, que je sache, été porté par aucun souverain grec. Si en général les

---

[1] Eckhel, III, 198. Mionnet, IV, 442, 2-18; *Suppl.* VII, 716, 1-9. Visconti, II, 223 (pl. 44, 2-3); Lenormant, pl. 33, 7 et 10. Borell, n° 7. Imhoof, *Portraits*, V, 19. La date δ n'est donnée que par Eckhel; comme cet auteur n'a pas distingué ces drachmes de celles d'Ariarathe V et IX, il est possible que la monnaie appartienne à l'un de ces derniers rois. J'ai cru lire κ sur un exemplaire du Cabinet. γν n'est donné que par Mionnet (n° 17, cabinet Allier).

[2] Polybe, XXII, 24. Tite-Live, XXXVIII, 37.

princes secondaires n'adoptent un surnom qu'à l'imitation des Ptolémées et des Séleucides, cette règle n'est absolument vraie que pour les surnoms éclatants et ambitieux (Epiphane, Callinicos, etc.). Eusèbe est une épithète modeste, qui pouvait se passer de précédents et qui fit fortune : après Ariarathe IV elle fut adoptée par quatre rois de Cappadoce [1].

Ariarathe IV Eusèbe a fixé le type des monnaies cappadociennes, qui reste désormais invariable jusqu'à la fin de la dynastie : au droit la tête diadémée du roi toujours dirigée à droite ; au revers, la Pallas Nicéphore debout tournée à gauche remplace la Pallas assise du règne précédent [2]. Le titre, le nom et les surnoms du roi (ces derniers abrégés sur les drachmes) sont disposés en rectangle autour de la Pallas, en laissant le côté supérieur libre ; les monogrammes occupent le champ, la date régnale est placée à l'exergue.

N. 10. Tête du roi [3] jeune, joufflue et diadémée à dr.

---

[1] C'est cette circonstance qui rend difficile de savoir auquel de nos cinq rois il faut attribuer le changement du nom de la capitale Mazaca en Eusebeia de l'Argée, nom qu'elle porte sur les médailles jusqu'à ce qu'elle prenne celui de Césarée. Tyana avait également été rebaptisée Eusebeia du Taurus (Strabon, XII, 2, 7). Quoique Kiepert ait attribué le premier de ces changements à Ariobarzane III, je crois bien plus vraisemblable de le rapporter à Ariarathe V, qui aurait changé les noms de la première ville du royaume en l'honneur de son père. Etienne de Byzance (v° Ἀριαράθεια) attribue également à un Ariarathe, gendre d'Antiochus, la fondation d'Ariaratheia en Cataonie. Cette dénomination convient aussi bien à Ariarathe IV qu'à Ariarathe III. Il est seulement singulier que Strabon ne mentionne pas cette ville.

[2] Il me paraît probable que notre Ariarathe avait consacré dans le temple de Comana une statue de Mâ, représentée sous cette forme : car dans une inscription de cette ville, la déesse est appelée ἡ Νικήφορος Θεά. Waddington, *Bull. corr. hell.* VII, 127. (Inscription mal publiée dans Carolidès, τὰ Κόμανα, Athènes, 1882, p. 73.)

[3] Cabinet de France (mauvais exemplaire). Mionnet, IV, 445, n° 19 ; *Suppl.*

R̂. ΒΑΣΙΛΕΩΣ ΑΡΙΑΡΑΘΟΥ ΕΥΣΕΒΟΥΣ ΦΙΛΟΠΑΤΟ-
ΡΟΣ. Pallas Nicéphore debout à g. Dans le champ Σ.
Années α, β, γ = 1, 2, 3.
Ar. Tétradrachmes.

N. 11 [1]. Tête du roi jeune, joufflue et diadémée à dr.
R̂. ΒΑΣΙΛΕΩΣ ΑΡΙΑΡΑΘΟΥ ΑΡΙΑΡΑΘΟΥ ΦΙΛΟΠΑ-
ΤΟΡΟΣ. Pallas Nicéphore debout à gauche. Année β
ou ε = 2 ou 5.
Ar. Tétradrachme.

N. 11 bis[2]. Même tête à dr.
R̂. ΒΑΣΙΛΕΩΣ ΑΡΙΑΡΑΘΟΥ ΕΥΣΕΒΟΥΣ. Pallas Nicé-
phore debout à gauche. Monogramme. Année α = 1.
Ar. Tétradrachme.

Il suffit d'un coup d'œil jeté sur ces trois tétra
drachmes pour se convaincre qu'ils sont au fond
identiques. Les traits de la physionomie, l'expression
juvénile, la rondeur du nez, du menton et des joues,
les longs cheveux bouclés, le traitement « flou » de
l'ensemble sont vraiment caractéristiques. Le surnom
de Philopator, attesté par Diodore, prouve qu'il s'agit
d'Ariarathe V (163-130); il avait mérité ce surnom par
son refus d'être associé au trône du vivant de ses
parents. On voit qu'il y ajouta le surnom paternel,
Eusèbe, qu'il prenait même exclusivement sur le
tétradrachme 11 bis, frappé l'année de son avènement.
Sur nos pièces, qui appartiennent toutes aux premières années du règne, le roi paraît encore fort

VII, 718, 10 (pl. XIV, 1). Visconti, II, 227 (pl. 44, 4). Lenormant, pl. 33, 8.
Imhoof, *Portraits*, V, 25. Cf. Friedlænder ZN VI, 7. La date β figure sur une
pièce du catalogue Bompois (n° 1693). MM. Rollin et Feuardent possèdent
plusieurs beaux exemplaires de cette médaille.

[1] Cabinet de France (exemplaire unique). Babelon RN 1883, p. 141.
[2] Collection Waddington, inédit.

jeune; en effet, ses parents s'étaient mariés en 192 et l'on sait que la reine Antiochis resta longtemps stérile.

Comment expliquer la variante de la légende du n° 11 où le mot Εὐσεβοῦς est remplacé par Ἀριαράθου? Il me semble qu'il y a là un changement intentionnel, destiné à répondre aux prétentions du faux prince Oropherne, qui se donnait à tort pour fils d'Ariarathe IV ; le roi légitime affirme hautement sa filiation sur ses monnaies : il est le *seul* fils d'Ariarathe. Cette explication est appuyée par la date que porte probablement notre médaille (an 5 = 158)[1] et qui est précisément celle de l'usurpation d'Oropherne.

Mionnet et Visconti ont classé exactement le n° 10; mais récemment M. Imhoof Blümer a cru devoir attribuer les pièces de ce type au fils de Mithridate, Ariarathe IX, qui prit, en effet, comme l'atteste son tétradrachme (n° 17), les surnoms Eusèbe et Philopator. Pour expliquer la différence profonde des physionomies, M. Imhoof suppose que le tétradrachme n° 17 représente Mithridate lui-même, et les tétradrachmes 10 et 11 son fils. Tout ce système s'écroule par la simple observation que le n° 17 ne représente certainement pas Mithridate, mais son fils ; les n°s 10 et 11 appartiennent donc à un autre roi. D'ailleurs, comment expliquer cette frappe de tétradrachmes avec emblèmes si différents, par un même prince et dans les mêmes années (car M. Imhoof croit le tétradrachme n° 17 des premières années d'Ariarathe IX)? Comment expliquer surtout cette abondance de pièces et de types pour le règne assez court et très agité d'Ariarathe IX,

---

[1] Sur beaucoup de pièces cappadociennes, il est presque impossible de distinguer les lettres B, E et K.

tandis qu'il ne resterait aucun tétradrachme, ni, comme on le verra, aucune drachme pour Ariarathe V, le roi le plus considérable de la dynastie? M. Imhoof a si bien senti l'absurdité de cette conséquence qu'il a cherché à combler la lacune en donnant, sans aucun fondement, à Ariarathe V les drachmes de Philométor : l'inscription de Délos fait justice de cette attribution.

M. Babelon n'a pas songé à déclasser les pièces de type n° 10, mais il a attribué, non sans hésitation, au fils de Mithridate le tétradrachme unique n° 11. Son motif est qu'Ariarathe IX se fit passer pour fils ou descendant d'Ariarathe V[1]; d'où l'insistance sur le mot Ἀριαράθου. Mais on vient de voir, par la comparaison des types, que 10 et 11 appartiennent forcément au même roi, et comme 10 ne saurait être attribué à Ariarathe IX, il en est de même de 11. Au reste, M. Babelon ne serait pas entré dans cette fausse voie si le mauvais état du seul spécimen du type 10 que possède le cabinet de Paris[2] ne l'avait empêché de constater l'identité de nos deux tétradrachmes.

N. 12. Tête du roi[3], jeune, joufflue et diadémée, à droite.

℞. ΒΑΣΙΛΕΩΣ ΑΡΙΑΡΑΘΟΥ ΕΥΣΕΒΟΥΣ. Pallas Nicéphore debout à g. Monogramme. Lettres Σ, Τ. Années certaines $\alpha, \gamma = 1, 3$.

*Ar.* Drachmes.

---

[1] Justin, 38, 2.

[2] Ce spécimen, qui fait partie de l'ancien fonds, diffère encore des bons exemplaires du type 10 par la dimension du portrait. C'est, à tous égards, une pièce de rebut. L'exemplaire unique du type 11 est, au contraire, magnifique.

[3] Cabinet de France. Mionnet, IV, 445, 20-24; *Suppl.* VII, 718, 11-12. Visconti, II, 227 (pl. 44, 5). Borell n° 8. Bompois n° 1694. Friedlænder ZN

On a vu plus haut, dans la classification générale, qu'il existe trois sortes de drachmes au nom d'Ariarathe Eusèbe. Les anciens numismatistes et Eckhel lui-même ne faisaient qu'un lot de toutes ces pièces et les attribuaient en bloc à Ariarathe IV ou à Ariarathe V : cette dernière opinion est encore celle de Charles Lenormant qui s'imaginait lire Φιλοπάτορος le monogramme de quelques pièces. Mionnet, Visconti, Borell ont reconnu une première démarcation à faire entre les drachmes d'Ariarathe IV et les autres drachmes au surnom d'Eusèbe : les premières ont un type noble et sévère, qui rappelle d'assez près Démétrius I$^{er}$ de Syrie ; l'arrangement des cheveux est très sobre, surtout à partir de l'an 30. Dans les secondes, on trouve des formes plus rondes, une chevelure abondante et bouclée. Il suffit de comparer quelques pièces portant la même date pour voir que ces différences ne peuvent être attribuées à un changement d'âge ; d'ailleurs la découverte récente des tétradrachmes d'Ariarathe IV Eusèbe est venue confirmer l'attribution classique des drachmes étudiées sous le n° 9.

La distinction établie par Visconti était donc juste, mais elle n'était pas suffisante. Les drachmes enlevées à Ariarathe IV présentent bien quelques traits communs, qui les séparent nettement de celles de ce roi ; mais elles offrent entre elles d'autres différences de détail qui doivent y faire sous-distinguer deux types. Sur les unes, le profil est jeune et bon enfant, les lèvres sont épaisses, le nez assez petit et régulier, la chevelure bouclée, mais,

---

IV, 12. Meyer, *Gesch. Pontos*, p. 101-103. Lenormant, pl. 33, 9 et 11. Tous ces auteurs énumèrent sous ce chef des pièces qui appartiennent, en partie, à Ariarathe IX.

au repos, les extrémités du diadème tombent tranquillement derrière la nuque ; sur les autres, le nez est très fort et en bec d'aigle, la narine remonte brusquement, la bouche est entr'ouverte, le menton très accentué ; les cheveux, agités et comme balayés par le vent, cachent presque le diadème, dont les bouts flottent très loin l'un de l'autre. En un mot, les premières reproduisent la physionomie aimable, mais un peu insignifiante, des tétradrachmes n°s 10 et 11 ; les secondes, la tête énergique, sensuelle et *mithridatique* du tétradrachme n° 17. Ainsi, parmi les drachmes au nom d'Ariarathe Eusèbe qui n'appartiennent pas à Ariarathe IV, une partie doit être attribuée à Ariarathe V et l'autre à son homonyme, Ariarathe IX.

Visconti était fort excusable de n'avoir pas noté cette division. A son époque on ne possédait pas de tétradrachmes d'Ariarathe IX, et celui d'Ariarathe V n'était connu que par de médiocres exemplaires ; on n'avait donc aucune raison de supposer qu'Ariarathe IX eût pris les surnoms d'Eusèbe et de Philopator, et l'on devait fatalement assigner à Ariarathe V toutes les drachmes eusébiennes « à rondeurs caractéristiques ». Il faut ajouter que plusieurs de ces drachmes sont d'une mauvaise exécution, d'un dessin très rudimentaire ; on pouvait donc mettre sur le compte de caprices ou d'erreurs de graveur les différences notables qu'elles présentent entre elles. La confusion aurait dû cesser lors de la découverte des tétradrachmes d'Ariarathe IX ; elle ne fit que se déplacer. Les savants qui étudièrent d'abord ces pièces, M. Friedlænder et M. Imhoof en particulier, reconnurent en effet l'identité du profil qu'elles offrent avec celui de quelques drachmes d'Eusèbe; mais ils en conclurent prématurément que *toutes* les drachmes d'Eusèbe (autres que celles d'Ariarathe IV) appartenaient au fils de Mithridate; on lui attribuait donc erronément : 1° les tétradrachmes 10 et 11, 2° les drachmes analogues à ces tétradrachmes. On a déjà vu que la conséquence extraordinaire de ce système était de prêter à Ariarathe IX, qui a régné tout au plus treize ans, avec de nombreuses interruptions, cinq types de monnaies différents, tandis qu'il n'en restait *aucun* pour Ariarathe V, qui a régné trente-trois ans, — à moins de lui donner les drachmes de Philométor.

L'honneur d'avoir fait cesser cette confusion appartient, je crois, à M. Percy Gardner. Ce savant a reconnu le premier qu'il n'y a pas *deux* types de drachmes au nom d'Eusèbe, mais *trois*. En conséquence je ne classe plus sous le n° 12 que celles des drachmes au nom d'Eusèbe qui reproduisent les traits d'Eusèbe Philopator. La suppression du second surnom s'explique par le peu de place dont on disposait sur les pièces d'un petit module. Ce fait est constant dans la numismatique grecque, et nous verrons tout à l'heure Ariarathe VI Epiphane Philopator agir comme son père. Les deux princes conservent sur leurs drachmes le surnom qui vient le *premier* dans leur titulature officielle; dans le cas d'Ariarathe V, ce procédé conduit à une confusion, qui était peut-être voulue et n'est qu'un trait de piété filiale de plus. On n'a pas oublié que même sur un de ses tétradrachmes (n° 11 *bis*) ce prince prend le nom d'Eusèbe.

On remarque que je n'ai indiqué qu'un petit nombre de dates certaines pour les drachmes d'Ariarathe V.

Mionnet, Friedlænder, Borell donnent une liste beaucoup plus longue (1, 2, 3, 4, 5, 7, 12, 13) dont M. Meyer a tiré toute sorte de conséquences chronologiques sur les guerres de Mithridate en Cappadoce. Mais, comme ces auteurs ne distinguaient pas entre les drachmes d'Ariarathe V et celles d'Ariarathe IX, il est à craindre que certaines des dates indiquées n'appartiennent au premier de ces princes, et d'autres au second. Aussi n'ai-je donné pour l'un et l'autre que les dates que j'ai pu vérifier moi-même sur les originaux ou les empreintes (Cabinet des médailles, collections Rollin et Waddington, Musée Britannique).

On peut être étonné qu'Ariarathe V, qui a régné si longtemps, ait frappé relativement si peu de monnaies. Peut-être des découvertes nouvelles modifieront-elles cette impression, mais on peut aussi croire que les drachmes très nombreuses d'Ariarathe IV suffisaient aux besoins du commerce, d'autant plus que les Romains lui firent grâce d'une partie de l'indemnité de guerre à laquelle ils l'avaient condamné.

N. 13[1]. Tête diadémée à droite.

℞. ΒΑΣΙΛΕΩΣ ΟΡΟΦΕΡΝΟΥ ΝΙΚΗΦΟΡΟΥ. Victoire ailée en marche à gauche tenant palme et couronne. Dans le champ chouette sur autel et monogramme.

*Ar.* Tétradrachme.

Cinq exemplaires de cette belle médaille ont été découverts en 1870 sous les ruines du temple d'A-

---

[1] Cabinet de France. Newton NC 1871, 19. Head, *Coins of the ancients*, pl. 51, 23. Sallet-Friedlænder, *Das Koenigliche Münzcabinet*, 2e édition (n° 480). Imhoof, *Portraits*, V, 21. Longpérier, *Comptes rendus de l'Académie des inscriptions*, N. S. t. VII (1871), p. 83-89, ou *Œuvres*, III, 322.

théné à Priène. L'attribution n'est pas douteuse. Notre monnaie nous donne la véritable orthographe du nom d'Oropherne, que Diodore écrit souvent Holopherne, et nous fait connaître le surnom de ce prince. Pour mieux affirmer sa qualité de fils de la Victoire, notre usurpateur remplace, sur le revers de ses pièces, par une Victoire en marche la Pallas Nicéphore trop modeste des rois légitimes. En revanche, ses tétradrachmes ne portent pas de date. Peut-être ne savait-il pas quelle année prendre pour date initiale de son règne : choisir 158 aurait été avouer son usurpation, choisir 163, année de la mort d'Ariarathe IV, aurait choqué le bon sens. Dans le doute, il s'abstint de dater ses pièces [1].

La découverte de nos tétradrachmes confirme d'une manière inattendue un curieux récit de Polybe et de Diodore. Pendant son court règne, Oropherne, sans doute en prévision de sa chute prochaine, avait déposé 400 talents chez les habitants de Priène. Quand Ariarathe V rentra en possession de son royaume, il réclama le dépôt ; mais les Priéniens refusèrent de le livrer, sous prétexte qu'Oropherne l'avait fait comme particulier et non comme roi ; effectivement, ils le restituèrent à l'usurpateur, alors captif en Syrie. Ariarathe, frustré du butin espéré, se vengea des Priéniens en ravageant cruellement leur territoire de concert avec Attale [2]. Il semble résulter de la trouvaille de 1870 que les Priéniens avaient retenu une partie du trésor, comme dé-

---

[1] Il est remarquable que le tétradrachme pontique d'Ariarathe IX ne porte pas non plus de date ; il en est autrement de ses drachmes cappadociennes.

[2] Polybe XXXIII fr. 12. Diodore XXXI fr. 32. (Dindorf.) Je ne crois pas que Longpérier ait raison de rattacher la chouette, qui figure sur le revers de notre pièce, au culte des rois cappadociens pour Pallas. Il vaut mieux

dommagement anticipé des maux que leur causa leur fidélité à la parole donnée.

N. 14[1]. Têtes accolées et à droite d'une reine, diadémée et voilée, et d'un jeune roi coiffé d'une tiare élevée, ornée d'une étoile.

℞. ΒΑΣΙΛΙΣΣΗΣ ΝΥΣΗΣ ΚΑΙ ΒΑΣΙΛΕΩΣ ΑΡΙΑΡΑΘΟΥ ΕΠΙΦΑΝΟΥΣ ΤΟΥ ΥΙΟΥ. Petite Pallas Nicéphore assise à gauche.

*Ar.* Drachme.

N. 15[2]. Tête du roi diadémée à droite.

℞. ΒΑΣΙΛΕΩΣ ΑΡΙΑΡΑΘΟΥ ΕΠΙΦΑΝΟΥΣ. Pallas Nicéphore debout à gauche. Dans le champ, monogrammes et lettres. Années $\alpha, \gamma, \delta, \varepsilon, F, \iota, \iota\alpha, \iota\gamma, \iota\delta, \iota\varepsilon, \iota\eta$ (?) = 1, 3, 4, 5, 6, 10, 11, 13, 14, 15, 18 (?).

*Ar.* Drachme.

J'ai réuni les deux pièces qui portent le surnom d'Epiphane, et dont la première n'est connue que depuis peu d'années. Déjà Visconti a reconnu que les drachmes d'Epiphane appartiennent à Ariarathe VI, sixième fils et successeur d'Ariarathe V; l'inscription de Délos

---

songer aux monnaies autonomes de Priène sur lesquelles figure cet emblème; notre pièce fut peut-être frappée dans cette ville, avec laquelle Oropherne avait dû nouer des relations pendant son exil. Rappelons cependant que la chouette se retrouve sur le tétradrachme n° 7 (Ariarathe III).

[1] Collection Waddington (exemplaire unique). Friedlænder ZN, IV, 270 (la figure, promise dans cet article, n'a pas été publiée). Le revers de la pièce était trop endommagé pour que j'en prisse une empreinte.

[2] Eckhel III, 198. Mionnet IV, 446, 25-31; *Suppl.* VII, 718, 13. Visconti, II, 229 (pl. 44, 6). Lenormant pl. 33, 12-13. Borell n° 11. Imhoof, *Portraits*, V, 22. La date γ se lit au musée Britannique, ε est donné par Eckhel, ιη par Fr. Lenormant *(Cat. Behr.*, n° 748). Le cat. Bompois décrit sous le n° 1695 une pièce de l'an 11 où la Pallas Nicéphore serait remplacée par une Pallas (Victoire?) portant couronne et palme, comme dans le tétradrachme d'Oropherne. Cette médaille, que je n'ai pas vue, me paraît suspecte.

nous a donné son surnom complet, Epiphane Philopator, qu'on retrouverait sans doute sur ses tétradrachmes. La durée du règne de ce prince n'a guère dû excéder les dix-huit années que lui assignent ses drachmes : car, d'après Justin, il monta sur le trône tout enfant (*parvulus*) et laissa des fils en bas âge. Sur ses dernières médailles sa tête est encore juvénile.

Le n° 14, quoiqu'il ne figure dans aucune collection publique et qu'on n'en connaisse, si je ne m'abuse, qu'un seul exemplaire [1], paraît d'une authenticité certaine. L'accolement de deux têtes, roi et reine, sur une même face, n'est pas un fait très rare dans la numismatique grecque quand il s'agit de mari et femme (Rhoimétalcès de Thrace, Alexandre Bala de Syrie, Ptolémée Philadelphe), mais je crois que notre pièce est la première en date où l'on ait réuni ainsi les portraits d'un roi mineur et de sa mère tutrice, car sur les monnaies de Ptolémée VI Philométor et de sa mère Cléopâtre (181-174) les têtes sont manifestement divinisées. Quant aux médailles bien connues d'Antiochus VIII de Syrie et de sa mère Cléopâtre Théa (125-121), elles sont postérieures de cinq ans à notre pièce et paraissent en avoir été inspirées [2].

L'attribution de la pièce n° 14 à Ariarathe VI s'accorde parfaitement avec les circonstances de son règne ; ce prince, dernier survivant de la nombreuse postérité d'Ariarathe V, régna en effet pendant quel-

---

[1] Cet exemplaire unique est d'un bon travail ; mais le droit a été doré, dédoré, poli et gratté, et le revers est crevassé.

[2] Sur la monnaie de Phraatace et Musa chez les Parthes (commencement de l'ère chrétienne) la tête de la mère occupe le droit, celle du fils le revers. Je ne connais pas d'autre exemple de ce genre dans la numismatique grecque.

que temps sous la tutelle de sa mère. Il est vrai que Justin appelle cette princesse *Laodice* et non Nysa ; mais Justin est coutumier d'étourderies de ce genre et l'on a déjà vu par quelques exemples combien sa connaissance de l'histoire de la Cappadoce est superficielle. Ici son erreur est presque vénielle, car sous le règne suivant la reine-mère s'appelle effectivement Laodice. Le nom de Nysa donné à la mère d'Ariarathe VI parait confirmé par l'existence d'une fille de ce prince, appelée aussi Nysa, et qui épousa Nicomède Philopator. On sait combien était répandu chez les Grecs l'usage de donner aux enfants le nom de leurs grands parents; on a déjà vu, dans notre dynastie, Ariarathe IV, fille d'une Stratonice, appeler sa fille Stratonice [1].

M. Imhoof Blümer place la drachme n° 14 en l'an 220, sous la minorité d'Ariarathe IV. Mais 1° Ariarathe VI s'appelle Eusèbe non Epiphane (même sur ses tétradrachmes, où la titulature est toujours complète); 2° le surnom d'Epiphane ne peut avoir été porté avant Ptolémée Epiphane [2] (205-181); 3° la mère d'Ariarathe IV s'appelait Stratonice, et non Nysa. M. Imhoof a été induit en erreur par les scrupules de Friedlænder qui hésitait à placer après Ariarathe IV une monnaie présentant le type de la Pallas *assise*. M. Meyer a très bien répondu que cette variante était imposée par l'exiguïté du module et la longueur inusitée de la légende.

[1] On remarquera que la monnaie ne porte pas de date. La régence de Nysa n'a pas même duré une année, puisqu'il existe des drachmes d'Ariarathe VI, en son nom propre, de l'an 1.

[2] Notre Ariarathe paraît l'avoir emprunté à Nicomède II Epiphane (149-91) qui l'avait lui-même emprunté à Antiochus IV Epiphane (175-164).

N. 16¹. Tête du roi diadémée à droite.

℞. ΒΑΣΙΛΕΩΣ ΑΡΙΑΡΑΘΟΥ ΦΙΛΟΜΗΤΟΡΟΣ. Pallas Nicéphore debout à gauche. Monogrammes et lettres. Années ζ, ζ, η, θ, ι (?), ια, ιβ = 6, 7, 8, 9, 10 (?), 11, 12.

Ar. Drachme.

Il s'agit d'Ariarathe VII, comme l'ont deviné Visconti et Mionnet, comme le prouve sans réplique la dédicace délienne de ce prince. Le surnom de Philométor s'explique par la régence de sa mère Laodice, sœur de Mithridate Eupator. Le roi n'a guère pu régner plus de douze ans. Sur ses dernières médailles il a encore l'air d'un adolescent, et Justin l'appelle en effet *juvenis* au moment de sa mort. Sa mère Laodice ne pouvait d'ailleurs être beaucoup plus âgée que Mithridate, né en 132. J'estime donc que la naissance de notre roi se place vers 120, son avénement en 112 et sa mort en 100.

On a prétendu trouver une contradiction entre la durée que nos médailles assignent au règne d'Ariarathe Philométor et les renseignements de Justin sur Ariarathe VII. Mais il faut remarquer tout d'abord que cet abréviateur ne donne aucune indication chronologique précise et se sert seulement d'expressions vagues : *interim... subsequitur. . interjectis mensibus*. Il reste vrai que de tout son récit se dégage l'impression que le meurtre d'Ariarathe VI par Gordios, l'invasion bithynienne, le mariage de Laodice avec Nicomède, l'intervention de Mithridate en faveur de ses neveux,

---

[1] Eckhel III, 198. Mionnet IV, 447, 32-36; *Suppl.* VII, 719, 14-16. Visconti II, 230 (pl. 44, 7-8). Lenormant pl. 33, 14-15. Borell n° 11. Lenormant *Cat. Behr*, n° 750. Imhoof *Portraits* V, 20.

puis son insistance pour le rappel de Gordios, le refus d'Ariarathe, la rupture et la scène tragique du meurtre du neveu par l'oncle en présence des deux armées, que tous ces événements se succèdent coup sur coup, en quelques mois. Mais il suffit d'un peu de réflexion pour voir qu'il n'y a dans tout cela qu'un misérable artifice littéraire, ordinaire à Justin, et dont le but est de donner à l'histoire l'intérêt factice du roman. Il a dû forcément s'écouler un intervalle considérable entre l'invasion bithynienne, où Ariarathe joue encore un rôle passif, et la guerre avec Mithridate, où il devient le centre d'une coalition et commande lui-même son armée [1].

M. Meyer attribue les médailles de Philométor à un Ariarathe inconnu qu'il intercale entre Ariarathe V Philopator et Ariarathe VI Épiphane. Cette hypothèse ne trouve aucun point d'appui dans les textes et n'a plus besoin d'être réfutée depuis la découverte de Délos [2].

M. Imhoof, reprenant une hypothèse de Teuffel qui

---

[1] Cela a été parfaitement indiqué par M. de Gutschmid dans son compte rendu du livre de Meyer (*Literarisches Centralblatt*, 1880, n° 27). Les idées de M. de Gutschmid sur la succession des rois de Cappadoce sont en général exactes; il a seulement tort d'assigner une durée de cinq ans à la régence de Laodice-Nysa.

[2] Le seul argument sérieux de M. Meyer pour distinguer deux rois entre 163 et 130, c'est qu'Ariarathe Philopator a dès 154 un fils Démétrius en âge de commander une armée (Polybe 33, 10), tandis que l'Ariarathe mort en 130 ne laisse que des enfants en bas âge (*parvuli*, dit Justin). A cela je réponds qu'encore en 152 Démétrius est qualifié de παῖς (Pol. 33, 16) et qu'il n'y a d'ailleurs rien d'invraisemblable à ce qu'il soit mort avant son père. J'ajoute que Polybe ne dit pas expressément que Démétrius fût fils du roi Philopator, mais seulement « d'Ariarathe ». Rien n'empêcherait qu'il ne fût le fils du prince supposé Ariarathe, plus âgé que son frère Oropherne et que le roi légitime; celui-ci aurait pu acheter la renonciation de son aîné en adoptant son fils. Ariarathe Philopator n'était pas encore marié en 162, puisqu'il refuse, après son avènement (fin 163), la

ne méritait pas cet honneur [1], identifie Philométor avec Philopator sous prétexte que le trait de piété filiale qui valut à Ariarathe V ce dernier surnom ne s'adressait pas moins à sa mère qu'à son père. C'est une spirituelle boutade de numismatiste, mais ce n'est qu'une boutade.

N. 17 [2]. Tête du roi diadémée à droite. ℞. ΒΑΣΙΛΕΩΣ ΑΡΙΑΡΑΘΟΥ ΕΥΣΕΒΟΥΣ ΦΙΛΟΠΑΤΟΡΟΣ. Pégase paissant (ou s'abreuvant) à gauche. Astre, croissant. Monogramme composé de ΑΜΦΙ. Le tout dans une couronne de feuilles de vigne (deux variantes).

Ar. Tétradrachme.

N. 18 [3]. Tête du roi diadémée à droite. ℞. ΒΑΣΙΛΕΩΣ ΑΡΙΑΡΑΘΟΥ ΕΥΣΕΒΟΥΣ. Pallas Nicéphore debout à gauche. Monogrammes et lettres. Années certaines β, δ, ε, ιβ, ιγ = 2, 4, 5, 12, 13.

Ar. Drachmes.

La ressemblance des portraits figurés sur ces deux pièces est si frappante qu'elle n'a pas besoin d'être démontrée. Mais quel est ce portrait? C'est ici que je me sépare de l'opinion courante.

Dès que le magnifique tétradrachme n° 17 a été découvert, on a reconnu que les types du revers,

---

sœur de Démétrius Ier de Syrie (avènement en 162). Si le Démétrius de Polybe était son fils, il aurait donc tout au plus sept ans en 154, ce qui est bien jeune pour commander une armée, même avec un gouverneur.

[1] *Real Encyclopaedie* de Pauly, 2e éd., I, p. 1552, note.
[2] Cabinet de France. Friedlænder et Sallet, ZN IV, 10 et 235. *Das Koenig. Münzcabinet* (2e éd.) n° 481. Cat. Bompois n° 1309 (mauvaise fig.). Imhoof, *Monnaies grecques* n[os] 193 et 194 (pl. II, 8-9); *Portraits* V, 23.
[3] Voir les autorités citées au n° 12 et Imhoof *Portraits* V, 24 (avec la date 12). Pour cette drachme ainsi que pour le n° 12 je ne donne que les

astre, croissant, Pégase (le cheval de Persée, ancêtre mythique des Perses) sont les types ordinaires de Mithridate Eupator, dont ils rappellent les prétentions à une origine achéménide. On en conclut avec raison que le tétradrachme appartient au fils de Mithridate, devenu, vers l'an 100 avant Jésus-Christ, roi de Cappadoce sous le nom d'Ariarathe ; il emprunta les surnoms d'Eusèbe Philopator au plus illustre roi de Cappadoce, Ariarathe V, dont il prétendait descendre[1]. On remarqua en outre une certaine ressemblance entre la physionomie du roi et celle de Mithridate, sur ses tétradrachmes authentiques ; le traitement des cheveux est même identique. On transforma cette ressemblance en identité, et MM. Friedlænder, Imhoof etc., écrivirent que le jeune Ariarathe, dans les premières années de son règne, avait frappé des tétradrachmes en son nom, mais à l'effigie de son père, et que la frappe de ces monnaies avait eu lieu dans le Pont.

Il y a là, à mon avis, une triple erreur. 1° Notre tétradrachme n'appartient pas aux premières années du règne d'Ariarathe IX, mais *à la dernière*. 2° L'effigie n'est pas celle de Mithridate, mais d'Ariarathe. 3° La fabrique n'est pas pontique, mais *macédonienne*.

---

dates des exemplaires que j'ai tenus entre les mains; j'en ai indiqué la raison sous ce numéro. La date β (*British Museum*) est lue χ par M. Percy Gardner, mais le β est souvent mal formé sur les monnaies cappadociennes, et la comparaison avec la forme de cette lettre sur les tétradrachmes d'Ariarathe V ne permet pas le doute.

[1] Justin dit : *Ex eo Ariarathe genitum qui bello Aristonici cecidisset*. Ceci doit être entendu *cum grano salis*, car l'usurpateur, né en 108 (Justin lui donne huit ans à son avènement) ne pouvait sérieusement se dire *fils* d'un roi mort en 130. On dut le faire passer pour fils d'un des cinq jeunes princes tués par Nysa.

1º Notre tétradrachme, pas plus que celui d'Oropherne, ne porte de date, mais la couronne de vigne du revers en tient lieu. Cet emblème bacchique n'a pu figurer sur les monnaies de Mithridate et de sa famille que du jour où il reçut le surnom de Dionysos. Or ce surnom, Cicéron l'atteste, lui fut donné en 88, lors de la conquête de l'Asie romaine. Notre médaille a donc été frappée entre le printemps de 88, date de cette conquête, et la fin de 87, où Ariarathe meurt d'une maladie mystérieuse au promontoire Tisaion en Thessalie [1].

2º La ressemblance entre notre tête et celle de Mithridate est loin d'aller jusqu'à l'identité ; en somme, elle n'est guère plus étroite qu'entre la tête de Mithridate et celle de Pharnace, autre fils de ce prince, quoiqu'Ariarathe appartînt doublement au sang de son père, étant fils incestueux de Mithridate et de sa sœur Laodice. La tête de Mithridate est beaucoup plus fine et plus osseuse que celle de son fils; sur cette dernière, le nez est plus busqué, la narine plus remontante, le front plus fuyant, l'arcade sourcilière plus creusée. Il n'est donc pas douteux qu'on n'ait ici le portrait, plus ou moins idéalisé, du fils de Mithridate, qui, au moment de la frappe du tétradrachme, avait vingt-et-un ans.

3º Quoique les types et l'aspect général de notre pièce soient incontestablement pontiques, le mode de fabrication ne paraît pas le même que celui des pièces bien conservées de Mithridate. Celles-ci sont bombées des deux côtés, tandis que le tétradrachme d'Ariarathe est plat, et parfois même concave sur le revers. Ce trait fait immédiatement songer aux

---

[1] Appien *Mith*. 41. Cf. Plutarque, *Pompée*, 37.

tétradrachmes macédoniens de cette époque, aux noms d'Aesillas et de Bruttius Sura, qui offrent encore d'autres analogies dans le style. Mais ce qui achève de démontrer la provenance réelle de notre pièce, c'est le monogramme, lu ΜΗΝΟΦΙΛΟΣ par M. Imhoof, mais qui se décompose évidemment en ΑΜΦΙ (πολις)[1]. La pièce a été frappée, peut-être par des ouvriers amenés du Pont, à Amphipolis, de Macédoine, ville dont Ariarathe et Taxile s'emparèrent à la fin de la campagne de 87[2]. La bataille de Chéronée est du printemps 86 ; à ce moment Ariarathe était mort depuis plusieurs mois. La pièce date donc de la fin de 87 et elle prend place dans la numismatique de la Macédoine immédiatement après les tétradrachmes de Bruttius Sura, légat proquesteur du propréteur Sentius (89-87).

Le tétradrachme d'Ariarathe IX n'appartient pas, à proprement parler, à la numismatique de la Cappadoce. Il fut frappé pour les besoins de son armée en Macédoine, où il paraît avoir voulu se tailler une souveraineté indépendante. C'est ce qui explique l'absence de dates, les types franchement pontiques, le lieu de la trouvaille, Bounarbachi (*Ilium novum*), où des pièces de ce type ont été portées par quelque fugitif de l'armée pontique vaincue à Chéronée. Les drachmes du n° 18, au contraire, que l'identité de l'effigie oblige de donner au

---

[1] Comparez les nombreux monogrammes de cette ville dans Mionnet ou dans le catalogue du Musée Britannique, *Macedon* (1879). Rappelons que la plupart des pièces des deux proquesteurs mentionnés portent la lettre Θ, c'est-à-dire probablement Thessalonique. Le principal atelier monétaire de la province était donc à Thessalonique ; c'est ce qui explique que les Pontiques, qui n'avaient pas encore pris cette ville, aient dû installer un atelier provisoire à Amphipolis.

[2] Memnon, 32.

même prince, ont été frappées en Cappadoce et pour la Cappadoce. Ariarathe cherche à s'y faire passer pour un roi légitime, date ses pièces de l'année de son avènement (la mort d'Ariarathe VII), et adopte les emblèmes de ses prédécesseurs. Tout cela s'accorde parfaitement avec le récit de Justin, suivant lequel on le fit passer devant le Sénat, et probablement aussi à Mazaca, pour un fils ou petit-fils d'Ariarathe V. On remarque que, pour se donner du prestige, Ariarathe se vieillit sur ses drachmes : celle de l'année 4 fut frappée quand il avait douze ans, et il s'y donne les traits d'un homme de vingt ans [1].

Les n°s 17 et 18 terminent la deuxième période de l'histoire de Cappadoce. En réalité ils appartiennent déjà à la troisième, car ils sont postérieurs à quelques drachmes d'Ariobarzane I$^{er}$. On doit néanmoins les ranger comme je l'ai fait, à cause des surnoms pris par Ariarathe IX. Quant à son compétiteur légitime, Ariarathe VIII, il n'existe pas de monnaies à son nom et rien ne prouve qu'il en ait frappé. On pourrait cependant lui attribuer la pièce suivante, qui fait partie de la collection Palagi à Turin, et dont la description m'a été communiquée par M. Waddington :

Tête jeune, casquée à droite.

℞ ΒΑΣΙΛΕΩΣ ΑΡΙΑΡ..... Pallas debout.

Æ 5 (pièce *serrata*).

Je n'ai pas vu l'original et n'ai pu encore m'en procurer d'empreinte.

---

[1] Pour confirmer tout ce qu'il y a encore d'un peu d'hypothétique dans ces déductions, il reste à découvrir 1° des tétradrachmes d'Ariarathe IX avec des types cappadociens, 2° des drachmes avec des types pontiques,

## TROISIÈME PÉRIODE

(96 av. J.-C. — 17 ap. J.-C.)

*Dynasties des Ariobarzane et des Archélaüs.*

Cette période est celle de la vassalité romaine, qui prépare l'annexion définitive. La Cappadoce est accrue de la Mélitène par Lucullus (69), des districts de Castabala et de Cybistra ainsi que de la Sophène par Pompée (66), de la Petite Arménie par César (47)[1] et de la plus grande partie de la Cilicie trachée par Auguste. Malgré ces accroissements de territoire, la puissance effective des rois de cette période est bien moindre que celle de leurs prédécesseurs. Obérés de dettes, sans armée sérieuse, incapables de se défendre contre les agressions des Parthes, ils ne sont que des jouets entre les mains des généraux romains, qui les défendent, les déposent, les restaurent, les frappent d'amendes ou les tuent, au gré de leurs caprices ou de leurs intérêts.

Pendant ces 115 ans, cinq rois se succèdent sur le trône. Les quatre premiers appartiennent à la famille des Ariobarzane, dont le nom trahit l'origine perse. Le cinquième, Archélaüs, forme à lui seul une dynastie.

---

[1] Donnée à Polémon en 36, cette province fut rendue à la Cappadoce en l'an 20 par Auguste.

Le classement des monnaies de ces rois est singulièrement facilité par les trois inscriptions suivantes, dont les deux dernières sont connues depuis le XVIII° siècle :

1° *Corpus inscr. atticarum* III, 1, n° 542 (découverte en 1862 au théâtre de Dionysos) :

> Ὁ δῆμος
> βασιλέα Ἀριοβαρζάνην
> Φιλοπάτορα, τὸν ἐκ βασι-
> λέως Ἀριοβαρζάνου Φι-
> λορωμαίου καὶ βασιλίσ-
> σης Ἀθηναΐδος Φιλοστόρ-
> γου, τὸν ἑαυτοῦ εὐεργέ-
> την ἀνέθηκεν.

2° *Corpus inscriptionum graecarum* I, n° 357 = *C.I. A.* III, 1, n° 541 (trouvée à Athènes en 1743) :

> Βασιλέα Ἀριοβαρζάνην Φιλοπάτορα, τὸν ἐκ βασιλέως
> Ἀριοβαρζάνου Φιλορωμαίου καὶ βασιλίσσης
> Ἀθηναΐδος Φιλοστόργου, οἱ κατασταθέντες
> ὑπ' αὐτοῦ ἐπὶ τὴν τοῦ Ὠιδείου κατασκευήν,
> Γάϊος καὶ Μάρκος Στάλλιοι, Γαΐου υἱοί, καὶ
> Μενάλιππος, ἑαυτῶν εὐεργέτην [1].

[1] La restauration de l'Odéon par Ariobarzane II, continuée par son fils, est mentionnée par Vitruve (V, 9, 1). Ces rois acquittaient en quelque sorte une dette de famille, l'Odéon ayant été brûlé le 1er mars 86, dans la première guerre de Mithridate, entreprise en grande partie à cause d'Ariobarzane Ier.

3° *Corpus inscr. graecarum* I, n° 358 = *C.I. A.* III, 1, n° 543.

Ὁ δῆμος
βασιλέα Ἀριοβαρζάνην Εὐσεβῆ Φιλο-
ρώμαιον, τὸν ἐκ βασιλέως Ἀριοβαρζά-
νου Φιλοπάτορος καὶ βασιλίσσης Ἀθη-
ναΐδος Φιλοστόργου, τὸν ἑαυτοῦ εὐ-
εργέτην ἀνέθηκεν.

Ces inscriptions nous apprennent que les trois Ariobarzane s'appellent :
   I Philoromaios
   II Philopator
   III Eusèbe Philoromaios (ce dernier surnom est déjà indiqué par Cicéron).

Par une singulière coïncidence, les deux premiers rois ont épousé deux femmes de même nom : Athénaïs Philostorgos. La seconde seule est mentionnée par Cicéron ; nous verrons ce qu'il faut penser de son origine.

Comme l'attribution des monnaies de cette dynastie offre beaucoup moins de difficultés que pour la précédente, je crois pouvoir mener de front la chronologie sommaire des rois et le catalogue de leurs médailles. Remarque générale : on ne connaît pas de tétradrachmes pour cette période ; les seules pièces sont des drachmes ou des monnaies de bronze. L'art de la gravure paraît en pleine décadence sous les derniers Ariobarzane, mais se relève avec Archélaüs, qui introduit de nouveaux types.

## 11 [1]. *Ariobarzane* I$^{er}$ (96-63)

La dynastie des Ariarathe s'éteignit vers 97 avec le jeune Ariarathe VIII, frère d'Ariarathe VII, tous deux victimes de l'ambition de Mithridate Eupator. Deux prétendants se disputaient le trône de Cappadoce : le fils de Mithridate (Ariarathe IX Eusèbe Philopator), qu'on faisait passer pour un descendant d'Ariarathe V, et un aventurier soudoyé par Nicomède II, qu'on donnait pour un troisième fils d'Ariarathe VI et de Laodice. Le Sénat, pris pour arbitre, écarta les deux prétendants et déclara la Cappadoce en république ; mais les habitants ayant représenté qu'ils ne pourraient vivre sans roi, on les autorisa à s'en choisir un. Deux seigneurs, Gordios et Ariobarzane, se mirent sur les rangs. Gordios était le candidat de Mithridate ; Ariobarzane fut élu, malgré sa nullité. Ce prince passa sa vie à être chassé et restauré. Il fut chassé par Tigrane et Gordios en 93, par les généraux de Mithridate en 91 et en 89, par Tigrane en 77, par Mithridate en 74, par Mithridate et Tigrane en 67. Il fut ramené par Sylla en 92, par L. Cassius et Q. Oppius en 90, par Curion en 84, par Muréna en 81, par Lucullus en 73, par Pompée en 66. Il abdiqua au profit de son fils *en présence de Pompée* [2], par conséquent au plus tard en 63.

N. 19 [3]. Tête du roi diadémée à droite.

---

[1] Je raccorde ces numéros d'ordre avec ceux des Ariarathe. Le n° 10 répond à l'usurpateur Ariarathe IX.

[2] Valère Maxime, V, 7 *ext.* 2.

[3] Eckhel III, 199. Mionnet IV, 448, 37-58 ; *Suppl.* VII, 720, 17-22. Vis-

℞. ΒΑΣΙΛΕΩΣ ΑΡΙΟΒΑΡΖΑΝΟΥ ΦΙΛΟΡΩΜΑΙΟΥ. Pallas Nicéphore debout à gauche. Monogrammes variés. Années γ, ιγ, ιδ, ιε (?), ις, κα, κβ, κδ, κε, κζ, κη, κθ, λ, λα, λβ, λγ, λδ = 3, 13, 14, 15 (?), 16, 21, 22, 24. 25, 27, 28, 29, 30. 31, 32, 33, 34.

*Ar.* Drachmes.

Le surnom *Philoromaios*, attesté par les inscriptions (*C. I. A.* 541 et 542), se justifie par le rôle politique du roi ; il est formé à l'imitation du surnom *Philhellên*, porté par plusieurs rois macédoniens et parthes. On suit très bien sur le droit de nos pièces, comme sur celles d'Ariarathe IV, les progrès de l'âge. Le revers conserve le type des Ariarathe ; il en est de même pour les trois rois suivants.

L'intérêt principal de cette série de drachmes est de fixer la date de l'élection d'Ariobarzane, et par suite la chronologie d'une période importante de l'histoire de Mithridate. On a vu que l'abdication d'Ariobarzane se place en 63 ; cette année était *au moins* la 34° année de son règne, ce qui reporte son avènement en 96. On ne peut pas le faire remonter *plus haut*, car alors la 13° année, qui est représentée par des drachmes, tomberait avant 84, c'est-à-dire avant la paix de Dardanus, ce qui est impossible [1]. Ainsi Ariobarzane, monté sur le

---

conti II, 233 (pl. 44, 9-10). Lenormant, pl. 33, 16-18. Borell, n° 13. Imhoof, *Portraits*, V, 26, 27. Les dates 15 et 25 se lisent sur des drachmes au Musée britannique, mais M. Percy Gardner m'écrit que la lecture 15 est douteuse. La date 32 se trouve dans la collection Waddington.

[1] La date de ce traité est fixée, entre autres textes, par l'inscription capitoline *C. I. G.* IV, 6855 d... Μιθραδάτης πρὸς Σύλλαν συνθήκας ἐποιήσατο, καὶ Φιλοπάτωρ τὸ δεύτερον εἰς Βιθυνίαν κατελθὼν ἐβασίλευσεν καὶ Ἀριοβαρζάνης εἰς Καππαδοκίαν κατήχθη, ἀφ' οὗ ἔτη ρ (100 ans. Or le *terminus ad quem* du chronographe est l'an de Rome 768-769).

trône en 96, en est descendu en 63, après 34 ans de règne. La grande lacune 3-13 correspond à la première guerre de Mithridate et à ses préliminaires immédiats, la lacune 23 = 74 au début de la 3ᵉ guerre. Si l'on trouve des monnaies aux années 30 et 31 (= 67, 66), c'est que, d'après le récit même de Dion et les indications de Cicéron, Ariobarzane, chassé de ses États vers la fin de 67, y reparut dès le printemps de 66.

## 12. *Ariobarzane II* (63-52).

Fils du précédent et d'Athénaïs Philostorgos I. Devenu roi par l'abdication de son père, il mourut assassiné peu avant l'arrivée du proconsul Cicéron en Cilicie, soit en 52.

N. 20[1]. Tête du roi diadémée à droite.

℞ ΒΑΣΙΛΕΩΣ ΑΡΙΟΒΑΡΖΑΝΟΥ ΦΙΛΟΠΑΤΟΡΟΣ. Pallas Nicéphore debout à gauche. Années ζ, η = 7, 8 ou sans date.

*Ar.* Drachmes.

« Ariobarzane céda à son fils le royaume de Cappadoce, en présence de Cn. Pompée. Il assistait à l'audience de ce général ; à son invitation il monta sur l'estrade et s'assit sur une chaise curule. Mais quand il

---

[1] Eckhel III, 200. Mionnet IV, 451, 59-60. Visconti II, 235 (pl. 44, 11). Lenormant pl. 34, 1-2. Imhoof *Portraits* V, 28. La date 7 se lit au Musée britannique. Les drachmes d'Ariobarzane II sont rares.

aperçut son fils à côté du greffier, dans un coin du tribunal, place indigne de son rang, il ne put supporter de le voir au-dessous de lui. Aussitôt il descendit, lui mit son diadème sur la tête et le pressa d'aller occuper le siège qu'il venait de quitter. Des larmes s'échappèrent des yeux du jeune prince, son corps devint tout tremblant; il laissa tomber le diadème et n'eut pas la force de faire un pas vers la place qu'on lui montrait. Fait presque incroyable, on voyait dans la joie celui qui déposait la couronne, dans la tristesse celui qui la recevait. Ce combat de générosité n'aurait pas eu de terme, si l'autorité de Pompée ne fût venue appuyer la volonté paternelle. Il donna au fils le titre de roi, lui fit prendre le diadème et le força de s'asseoir sur la chaise curule [1]. »

Ce récit de Valère Maxime est le meilleur commentaire du surnom de Philopator, attesté par les trois inscriptions citées.

### 13. *Ariobarzane III* (52-42).

Fils du précédent et d'Athénaïs Philostorgos II. Protégé contre les complots de cour par Cicéron, il prit parti pour Pompée contre César. Celui-ci lui pardonna néanmoins, le protégea contre Pharnace II, roi du Pont, et lui donna la Petite Arménie, enlevée à Déjotarus. En 42 il fut tué par ordre de Cassius, contre lequel il intriguait.

---

[1] Val. Maxime V, 7 *ext.* 2 (tr. Frémion, légèrement corrigée).

N. 21 [1]. Tête du roi diadémée et barbue à droite.
℞. ΒΑΣΙΛΕΩΣ ΑΡΙΟΒΑΡΖΑΝΟΥ ΕΥΣΕΒΟΥΣ [ΚΑΙ] ΦΙΛΟΡΩΜΑΙΟΥ. Pallas Nicéphore à gauche. En général, dans le champ, astre et croissant. Monogrammes. Années θ, ιαʹ = 9,11.
Ar. Drachme.

Les surnoms de ce roi sont attestés par Cicéron [2] et par l'inscription C. I. A. 543. On remarquera qu'il les inscrit tout au long sur ses drachmes ; c'est une faute de goût que n'auraient pas commise les anciens rois. Il est le premier roi de Cappadoce qui ait porté la barbe ; il fut, en cela, imité par son frère et successeur.

L'astre et le croissant qui figurent sur plusieurs drachmes de ce roi sont des emblèmes pontiques dont la présence n'a pas été expliquée. En voici, je crois, la signification. En 81, à la fin de la 2ᵉ guerre contre Mithridate, Muréna réconcilia le roi de Pont avec Ariobarzane Iᵉʳ, et à cette occasion, dit Appien [3], une fille de Mithridate, âgée de quatre ans, fut fiancée « à Ariobarzane ». On a pensé jusqu'à présent qu'il s'agissait d'Ariobarzane Iᵉʳ, mais cette supposition est ridicule, car Ariobarzane, déjà au seuil de la vieillesse, ne pouvait songer à « épouser » une enfant de quatre ans ; il était d'ailleurs marié depuis longtemps avec Athénaïs Philostorgos, dont il avait un fils, né vers 90 [4]. Je crois donc que le prince fiancé à la fille de Mithridate

---

[1] Eckhel III, 200. Mionnet IV, 454, 61-64 ; *Suppl.* VII, 724, 23-24. Visconti II, 236 (pl. 44, 12-13). Lenormant pl. 34, 3-4. Borell n° 45. Imhoof, *Portraits*, V, 29.
[2] *Ad fam.* XV, 2, 4.
[3] Appien, *Mith.*, 66.
[4] En effet, quand Ariobarzane III monte sur le trône, en 52, il est un

est le jeune Ariobarzane, plus tard Ariobarzane II ; dès lors le nom de cette princesse est Athénaïs Philostorgos II. Comme elle était née en 85, son nom d'Athénaïs s'explique sans doute par la reconnaissance de Mithridate pour la fidélité que lui avaient témoignée les Athéniens pendant le mémorable siège de 87-86. Athénaïs prit, comme sa belle-mère, le surnom de Philostorgos *ob amorem erga liberos sive verum sive creditum*, dit Boeckh. Cicéron la dépeint comme une femme altière et intrigante, caractère qui convient parfaitement à une fille de Mithridate. Notre Ariobarzane III était son fils, et par conséquent le petit-fils de Mithridate ; on comprend dès lors qu'il ait adopté une partie des armes de son aïeul, ce qui ne l'empêcha pas d'être fort maltraité par son oncle Pharnace II.

A la différence de ses prédécesseurs, Ariobarzane III inscrit quelquefois des dates régnales dans le champ du revers de ses pièces, et non à l'exergue. Cette innovation fut suivie par Ariarathe X et Archélaüs.

### 14. *Ariarathe X* (42-36).

Frère du précédent, il avait des partisans dès 51 ; mais Cicéron le détermina à s'incliner devant les droits de son frère Ariobarzane III. En 47, César, passant par ces contrées pour aller combattre Pharnace, mit d'accord les deux frères en donnant à Ariarathe une

homme fait. Il devait donc être né vers 72 et son père *au plus tard* en 90 ou 92.

partie du royaume, sous la suzeraineté d'Ariobarzane[1]. En 45, Ariarathe vint à Rome pour invoquer la protection du dictateur contre les exactions de P. Sestius. Après Philippes (42), Antoine le plaça sur le trône de Cappadoce, qui lui fut disputé par un certain Sisinès[2]. En 36, Antoine le fit mourir et le remplaça par Archélaüs. Avec lui s'éteignit la race des Ariobarzane qui, dit Strabon, avait fourni à la Cappadoce trois générations de rois[3].

N. 22[4]. Tête du roi diadémée et barbue, à droite.
℞ ΒΑΣΙΛΕΩΣ ΑΡΙΑΡΑΘΟΥ ΕΥΣΕΒΟΥΣ ΚΑΙ ΦΙΛΑΔΕΛΦΟΥ.
Pallas Nicéphore à gauche. Petit trophée. Monogramme. Années (dans le champ) : ε, ϛ = 5,6.
Ar. Drachmes.

Cicéron appelle notre Ariarathe *fratris amantissi-*

---

[1] Tel est le seul sens raisonnable qu'on puisse extraire de la phrase corrompue d'Hirtius (*Bell. Alex.* 66, 6) : (Caesar) *Fratri autem Ariobarzanis Ariarathi, quum bene meritus uterque eorum de republica esset, ne aut regni hereditas Ariarathen sollicitaret, aut heres regni terreret Ariobarzani* (sic) *attribuit qui sub ejus imperio ac ditione esset.* (Sur le sens de la locution *attribuere aliquem alicui* cf. César, *Bell. Gall.* VII, 90, 4; VIII, 48, 1). Les auteurs disent positivement qu'Ariarathe, avant son avènement au trône de Cappadoce, possédait déjà un *royaume* (Cicéron *Ad Att.* XIII, 2; Appien *B. Civ.* II, 74); mais quel était ce royaume? C'est ce qu'ils ne disent point. Je chercherai plus loin à démontrer qu'il s'agit de la Cilicie cappadocienne, avec les villes de Castabala et de Cybistra.

[2] Il semble résulter d'un passage de Cicéron (*Ad Att.* XIII, V) qu'Ariobarzane III avait plusieurs frères. Sisinès serait-il l'un d'eux? En tout cas, Appien l'a confondu à tort avec Archélaüs.

[3] Strabon XII, 2, 11. Clinton a commis une grave erreur en ne distinguant que deux Ariobarzane et en faisant d'Ariarathe X le fils du dernier. En revanche, le rédacteur de l'Index du *Corpus inscr. gr.* a tort de compter quatre Ariobarzane. Son Ariobarzane IV n'a rien à voir avec la Cappadoce.

[4] Eckhel III, 201. Mionnet IV, 452, 65-66; *Suppl.* VII, 721, 25. Visconti II, 238 (pl. 44, 14). Lenormant, pl. 34, 5. Borell n° 17. Imhoof, *Portraits*, V, 30.

*mum, summa pietate praeditum* [1]. Justifiée ou non, cette réputation explique le surnom de Philadelphe que notre roi prend sur ses médailles. Le trophée se réfère peut-être à la victoire d'Ariarathe sur son compétiteur Sisinès. Ce personnage, qui avait sa capitale à Cadena et son trésor à Nora [2], paraît avoir été un chef de brigands ou un prince de sang royal, ce qui n'est pas incompatible. Appien l'a visiblement confondu avec Archélaüs, erreur qui a dérouté les historiens modernes [3]. Du reste, il n'existe pas de monnaies de Sisinès.

### 15. *Archélaüs* (36-17 ap. J.-C.)

Mis sur le trône de Cappadoce par le triumvir Antoine, à la place d'Ariarathe X, il devait son élévation aux charmes de sa mère Glaphyra. Archélaüs était arrière-petit-fils du célèbre général du même nom, qui se signala au service de Mithridate. Son grand-père et son père avaient exercé les fonctions de grand-prêtre de Comana pontique; les historiens ne disent pas qu'il eût des droits à la couronne. Fidèle à Antoine pendant la guerre civile, Archélaüs fut néanmoins maintenu par Auguste, qui lui donna même à garder la Petite Arménie et la Cilicie trachée. Sous Tibère il devint suspect, fut appelé à Rome et traduit devant le Sénat. On l'épargna à cause de son grand âge et de son imbécillité, feinte ou réelle; mais il mourut peu après (17 ap. J.-C.).

---

[1] *Ad fam.* XV, 2.
[2] Strabon, XII, 2, 6.
[3] Appien, *B. Civ.*, V, 7.

Les drachmes de ce roi appartiennent à deux types différents :

N. 23 [1]. Tête du roi diadémée à droite.

℟. ΒΑΣΙΛΕΩΣ ΑΡΧΕΛΑΟΥ ΦΙΛΟΠΑΤΡΙΔΟΣ ΤΟΥ ΚΤΙΣ-ΤΟΥ. Massue. Dans le champ : Années $x$, $x\beta$, $\lambda\theta$, $\mu$, $\mu\alpha$, $\mu\beta = 20, 22, 39, 40, 41, 42$.

Ar. Drachmes.

N. 24 [2]. Tête d'Hercule jeune à droite, la peau de lion nouée sous le manteau.

℟. ΒΑΣΙΛΕΩΣ ΑΡΧΕΛΑΟΥ. Mont Argée. Années $\lambda\theta$, $\mu = 39, 40$.

Ar. Hémidrachmes.

Le type n° 23 était la monnaie courante du royaume; le n° 24 paraît particulier à Mazaca, et doit être rapproché des monnaies autonomes de cette ville qui, sans porter le nom du roi, présentent ses attributs héracléens et quelquefois même la date régnale [3]. Le mont Argée figure fréquemment sur les monnaies de Mazaca-Eusebeia-Césarée.

Les monnaies d'Archélaüs, d'un travail très fin, dif-

---

[1] Eckhel III, 201. Mionnet IV, 453, 67, 69, 70; *Suppl.* VII, 722, 26 (pl. XIV, 2). Visconti II, 240 (pl. 44, 15). Lenormant, pl. 34, 6. Lenormant, *Cat. Behr*, n° 754. Imhoof, *Portraits*, V, 31. La date 39 est sur un exemplaire appartenant à M. Waddington.

[2] Mionnet, IV, 453, 68. Borell, n° 19. Lenormant, pl. 34, 7. Rarissime. La date λθ est représentée à Paris et à Munich ; la date μ dans la collection de M. Imhoof Blumer.

[3] Mionnet, IV, 407, n°s 2, 7. Eckhel, III, 186, cite une de ces monnaies avec le type d'Hercule et la date κε, qu'il place à tort sous Ariarathe IV Eusèbe. J'hésite d'autant moins à voir des dates dans ces chiffres placés dans le champ que Césarée a conservé cette habitude dans les premiers temps de l'empire (Imhoof, *Monnaies grecques*, p. 417).

Une monnaie de bronze de Césarée (Mionnet, n° 10) présente au droit une tête laurée, à droite; de revers, un trépied, la légende ΕΥΣΕΒΕΙΑΣ et la date ιθ (19). M. Waddington croit reconnaître dans la tête du droit non pas un Apollon, mais le portrait d'Archélaüs.

fèrent profondément de celles de ses prédécesseurs. Le roi supprime la barbe adoptée par les deux derniers rois de la dynastie des Ariobarzane ; il remplace l'antique Pallas Nicéphore par des attributs empruntés au culte d'Hercule, massue, peau de lion, tête d'Hercule ; enfin il substitue à la légende disposée sur les trois côtés d'un carré une légende circulaire, et place la date dans le champ. Il semble qu'il y ait dans tout cela un parti-pris bien arrêté de rompre avec le passé, de faire du nouveau.

Visconti a vu que les attributs héracléens d'Archélaüs s'expliquent par sa prétention de descendre de Téménos, fils d'Hercule [1] ; cette prétention confirme son origine macédonienne, déjà suggérée par son nom et celui de son arrière-grand-oncle Néoptolème. Quant à sa mère, Glaphyra, les auteurs la traitent de courtisane, et ce n'est probablement pas à elle que la fille d'Archélaüs songeait quand elle se vantait de descendre de Darius par les femmes [2].

Les surnoms d'Archélaüs ne sont pas mentionnés par les auteurs. Celui de *Philopatris*, nouveau dans la numismatique grecque, figure sur deux inscriptions très mutilées d'Athènes :

C. I. A. III, 1, n° 545 : [ὁ] δῆμος [βασιλέα Καπ]παδοκί[ας καὶ τῆς τραχεία]ς Κιλικίας Ἀ[ρχέλαον φι]λόπατριν ἀρε[τῆς] ἕνεκα.

---

[1] Josèphe *B. jud.* I, 24, 2 (à propos des prétentions ancestrales de Glaphyra II, fille d'Archélaüs).

[2] Je soupçonne la première femme d'Archélaüs d'avoir été une sœur d'Ariobarzane III et d'Ariarathe X. D'après ce que j'ai montré plus haut, cette princesse aurait été une petite-fille de Mithridate, qui se vantait parfois de descendre de Darius. On ne peut songer à Dynamis, fille de Pharnace, qui épousa Polémon et mourut jeune.

C. I. A. III, 1, n° 5461[1] : [Ἡ β]ουλὴ ἡ ἐξ Ἀρ[είου πά-]γου βασιλέα Ἀρχέλαον φιλό[πατριν εὐεργεσίας] ἕνεκα τῆς εἰς [ἑαυτήν].

Quant au surnom *Ctislès*, Eckhel l'a expliqué avec quelque vraisemblance par la fondation d'Elaioussa-Sébasté, dans une île de la Cilicie trachée, dont Archélaüs fit sa résidence[2]. Pour mettre cette explication hors de doute, il faudrait être certain que le surnom ne se trouve pas sur les monnaies d'Archélaüs antérieures à l'acquisition de la Cilicie trachée.

Après la mort d'Archélaüs, les Romains réduisirent la Cappadoce en province (17 ap. J.-C.). Ce roi avait cependant laissé des enfants d'un premier mariage[3] avec une femme inconnue; peut-être les Romains ne reconnaissaient-ils pas leur légitimité. Le fils, Archélaüs, obtint seulement la petite principauté montagneuse des Clites[4]. La fille, Glaphyra († 7 ap. J.-C.) avait épousé successivement Alexandre, fils d'Hérode le Grand (tué par son père en l'an 4) et Juba II, roi de Mauritanie[5]. Du premier lit elle eut deux fils : Alexandre et Tigrane. Le second fut roi d'Arménie et mourut sans postérité. L'aîné eut un fils, Tigrane II, que Néron envoya régner en Arménie. Le fils de

---

[1] Voir Mommsen, *Eph. epigraphica*, I, 278.

[2] Josèphe, *Ant. jud.* XVI, 4, 6. Strabon XII, 2, 7; XIV, 5, 6. Sur les monnaies d'Elaioussa, voir Imhoof. *Monnaies grecques*, p. 47.

[3] En secondes noces, Archélaüs épousa Pythodoris Philométor (*C. I. A.* III, 1, n° 547), veuve de Polémon 1er, roi du Pont, et petite-fille, par sa mère Antonia, du triumvir Antoine. (Cf. Mommsen, *Eph. epig.*, I, 270). De ce mariage, il ne naquit pas d'enfant.

[4] Tacite, *Ann.*, VI, 41. Il est mentionné *C. I. A.*, III, 1, n° 549. (= *Eph. epig.*, I, 278): ὁ δῆμος βασιλέως Ἀρχελάου υἱόν Ἀρχέλαον.

[5] Josèphe s'est trompé en la remariant une 3e fois à Archélaüs, autre fils d'Hérode. Voir Müller, *F. H. G.* III, 466, et Mommsen, *loc. cit.* Glaphyra est morte en l'an 7, Juba en l'an 20.

Tigrane II, Alexandre II, fut nommé par Vespasien prince d'Elaioussa et épousa Jotapé, fille d'Antiochus IV, roi de Commagène[1]. A partir de ce moment on perd la trace de la dernière dynastie cappadocienne, qui finit obscurément où elle avait commencé.

## APPENDICE

### I

*De quelques monnaies incertaines de la série des rois de Cappadoce.*

Dans mon classement de la série des monnaies royales de Cappadoce, je n'ai pas fait figurer un certain nombre de pièces qui appartiennent incontestablement à cette série, mais dont les titulaires ne peuvent être identifiés avec une certitude suffisante[2]. Je vais donner ici la description succincte de ces pièces, en indiquant pour quelques-unes d'entre elles des attributions qui, à défaut de certitude, ont pour elles quelque vraisemblance.

N. 25[3]. Tête barbue à droite, coiffée d'une tiare carrée par le haut.

---

[1] Josèphe, *Ant. jud.*, XVIII, 5, 4. Cf. sur Glaphyra II l'inscription (du temps de son 2ᵉ mariage), *C. I. A.* III, 1, n° 549.

[2] Le bronze n° 6 aurait pu, à la rigueur, figurer dans cette catégorie des « incertaines cappadociennes », car le type de la Pallas *debout* ne s'explique pas bien avec mon attribution. En revanche, je ne parlerai pas ici de la monnaie de Mithridate Philo..., qui, malgré l'autorité de Friedlaender et de Blau (ZN IV, 272; VII, 37), me paraît tout à fait étrangère à la Cappadoce.

[3] Musée britannique (unique?).

℞. ΒΑΣΙΛΕ... ΑΡΙΑΡΑΘΟΥ. Arc dans son étui.
Æ. 3 $^1/_2$.

Le seul Ariarathe *barbu* que nous connaissions est Ariarathe X, mais la pièce est trop fruste pour qu'on puisse discerner une ressemblance quelconque de la tête qui y est figurée avec celle que représentent les drachmes de ce roi.

N. 26 [1]. Bœuf (ou éléphant?) debout à droite.
℞. ΒΑΣΙΛ...ΑΡΙΑΡΑ... Arc dans son étui.
Æ. 3 (fruste).
Le type du revers est identique à celui du n° 25.

N. 27 [2]. Buste drapé à droite d'un roi avec des moustaches, coiffé d'un bonnet ou casque en cuir.

℞. Ι $^Ρ_Ε$ (=ΙΕΡ). Artémis terrassant un cerf à droite.
Æ. 3.

N. 28 [3]. Buste drapé d'Artémis à gauche, l'arc et le carquois derrière l'épaule. Cercle perlé.

℞. ΒΑΣΙΛΕΩΣ ΑΡΙΑΡΑΘΟΥ. Cerf debout à gauche, ou protome de cerf couché à gauche.
Æ. 3.

Les types de ces deux pièces offrent une certaine parenté. Ceux du n° 28 se retrouvent identiquement sur certains bronzes d'Amyntas, roi de Galatie, contemporain des triumvirs. Notre monnaie doit donc appartenir à la même époque et je l'attribue à Ariarathe X. Le n° 27 est plus embarrassant. Il doit être rapproché

---

[1] Musée britannique.
[2] Musée de Copenhague, collection Imhoof. Imhoof, ZN, X, 274; *Monnaies grecques*, p. 354 et 518 (pl. 11, 7); *Portraits*, p. 40.
[3] Musée de Berlin, Collection Imhoof. Friedlaender ZN, IV, 269, et suiv. Imhoof, *Monnaies grecques*, p. 421, 495. Cf. *Catalogue Gréau*, n° 2276, avec la mauvaise lecture ΑΝΤΙΟΧΟΥ.

d'une autre monnaie de bronze, portant aussi le sigle IEP et les types d'Artémis, que M. Imhoof a également publiée dans ses *Monnaies grecques*. Il attribuait alors ces deux pièces à la ville de Castabala sur le Pyramus, dont le surnom Hiéropolis est attesté par des monnaies autonomes et impériales[1]; mais les types de ces monnaies ne ressemblent guère à ceux de nos bronzes. Depuis, des découvertes épigraphiques ont prouvé que Comana de Cataonie prit, elle aussi, le surnom d'Hiéropolis[2]; M. Imhoof est alors revenu sur sa première opinion, et a donné les bronzes à cette Comana, qui, jusqu'à présent, n'était pas représentée dans la numismatique. L'attribution est séduisante, mais on peut objecter que la déesse de Comana était adorée sous les traits d'une Pallas nicéphore[3], et non d'une Artémis. Pour ma part, j'aimerais mieux penser à une autre Castabala, située, d'après Strabon, entre Tyane et le Taurus, et dont Pompée fit cadeau à Ariobarzane Ier. Cette ville avait, en effet, un sanctuaire célèbre d'Artémis Pérasia[4]. Malheureusement, aucun texte ne nous autorise à affirmer que cette Castabala ait pris, comme son homonyme du Pyramus, le surnom d'Hiéropolis. Quant à la tête figurée sur le n° 27, elle ressemble à celles des deux derniers Ariobarzane; comme elle ne porte pas de diadème, il est possible que la pièce ait été frappée alors qu'Ariobarzane II fut associé au trône du vivant de son père[5].

[1] Eckhel, III, 192.
[2] Waddington, *Bull. corr. hell.*, VII, 126.
[3] Waddington, *loc. cit.*, p. 128.
[4] Strabon, XII, 1, 4; 2, 7. Cf. Appien, *Mith.* 105. N'est-ce pas dans ce temple que le questeur de Cicéron déposa la somme qui fut soustraite par P. Sestius? (*Ad Fam.* V, 20, 5).
[5] La pièce n° 29 a peut-être aussi été frappée avant l'avènement d'Aria-

Enfin on a quelquefois, à l'exemple de Visconti, rattaché à la série cappadocienne les deux monnaies de bronze suivantes [1] :

N. 29. Tête de reine diadémée à gauche. ΒΑΣΙ-ΛΙΣΣΗΣ ΜΟΥΣΗΣ ΟΡΣΟΒΑΡΙΟΣ.

ꝶ. ΠΡΟΥΣΙΕΩΝ ΤΩΝ ΠΡΟΣ ΘΑΛΑΣΣΗΙ. Tête barbue d'Hercule à gauche.

N. 30. Tête de reine diadémée à droite. ΩΡΑΔΑΛ-ΤΙΔΟΣ ΒΑΣΙΛΕΩΣ ΛΥΚΟΜΗΔΟΥ ΘΥΓΑΤΡΟΣ.

ꝶ. ΠΡΟΥΣΙΕΩΝ ΤΩΝ ΠΡΟΣ ΘΑΛΑΣΣΗ (sic). — Foudre, quelquefois ailé. Le tout dans une couronne.

Ces deux monnaies appartiennent évidemment à *Prusias ad Mare*, en Bithynie, l'ancienne Cius, prise et débaptisée par Prusias I$^{er}$ (203 av. J.-C.). Visconti suppose que cette ville avait été constituée en apanage au profit des reines de Bithynie; malheureusement le style de nos pièces, la disposition circulaire de la légende notamment, se rapporte à une époque où le royaume de Bithynie avait déjà cessé d'exister; de plus, aucune reine de Bithynie à nous connue ne porte le nom de Musa Orsobaris ou d'Oradaltis. Comme néanmoins Orsobaris est le nom d'une fille de Mithridate menée en triomphe par Pompée[2], Visconti suppose que cette princesse avait été mariée par son père à

---

rathe X au trône de Cappadoce, alors qu'il n'était que vice-roi d'un territoire qui n'est pas autrement désigné. Visconti a songé à la Petite Arménie enlevée par César à Déjotarus (Dion, XLI, 63; XLII, 48, Cicéron *Phil.* II, 37). Je préférerais la Cataonie ou la province de Castabala-Cybistra. En effet, cette vice-royauté devait être située sur une des grandes routes militaires fréquentées par les Romains, puisque Cicéron dit : *Omnino cum Sestius noster parochis publicis occuparit* (*Ad Fam.* XIII, 2).

[1] Eckhel II, 455. Mionnet II, 514. Visconti II, 260. Lenormant, pl. 30, 1-4. Sallet, *Kœnige des Pontus* (1866), p. 40 suiv.

[2] Appien, *Mith.* 117.

l'usurpateur Socrate qu'il soutint quelque temps contre Nicomède III Philopator : c'est à elle qu'il donne la pièce n° 29. Quant à l'Oradaltis du n° 30, elle aurait été la femme d'un des derniers Nicomède et la fille d'un ancêtre (?) du prince cappadocien Lycomède dont il sera bientôt question. Il est inutile d'insister sur l'invraisemblance de ces diverses conjectures. Je n'ai rien à proposer pour le n° 29. Quant au n° 30, l'hypothèse que je vais présenter brièvement, sans être plus certaine, me paraît au moins plus conforme aux données des textes que celle de Visconti.

Lorsque le dernier roi effectif de Bithynie, Nicomède III Philopator, légua par testament ses États au peuple romain (74)[1], les partisans de Rome affirmèrent qu'il n'avait pas d'enfant[2]. En réalité, il laissait une fille, Nysa[3], et un fils ou petit-fils, appelé Nicomède[4]. Cet enfant fut écarté du trône, soit comme fils supposé, soit, s'il s'agit vraiment d'un petit-fils, en vertu de ce principe du droit civil romain que les petits-fils *ex filia* peuvent être exhérédés par une simple omission[5]. Quarante ans plus tard, un certain Lycomède « très noble Bithynien, descendant des rois de Cappa-

---

[1] Le Scoliaste de Cicéron (*Scol. Gronov.* sur le *Pro Lege Manilia*; Orelli, V, 2, 47) dit, il est vrai, *mortuus est intestatus*, mais Appien, *Mith.* 7, parle formellement d'un testament. De même Velleius Paterculus, II, 39.

[2] ἄπαις, dit Appien, *Mith.* 71.

[3] Suétone, *César*, 49.

[4] Salluste, *Hist.* (éd. Kritz), IV, 20, 9 (lettre de Mithridate à Arsace) : *quum filius Nysae quam reginam appellaverat* [Nicomedes] *genitus haud dubie esset.* Appien *Mith.* 7 : υἱωνὸς τοῦδε ἕτερος Νικομήδης, *C. I. G.* II. 2279 : Βασιλέως Νικομήδου τοῦ ἐκγόνου Βασιλέως Νικομήδου Ἐπιφάνου (sic) [Διοσ]κουρίδης Διοσκουρίδου Ῥαμνούσιος γυμνασιαρχ[ῶν].

[5] *Institutes* II, 13, 7. Un fragment de Salluste (*Hist.* II, 6, 57) dit : *quos adversum multi ex Bithynia volentes occurrere, falsum filium arguituri.*

doce », obtient de César le sacerdoce de Comana [1]. Je ne puis m'empêcher de croire que ce Lycomède et Nicomède IV posthume ne font qu'un : en effet, le petit-fils de Nicomède III était arrière-petit-fils d'Ariarathe VI Epiphane [2] ; il répond donc bien au signalement de Lycomède et l'on comprend qu'il ait déguisé son nom pour échapper à la persécution. César avait intérêt à faire taire ce prétendant gênant; de plus, il professait pour la famille de Bithynie un attachement dont on connaît l'origine équivoque, et il avait déjà défendu devant le Sénat la cause de Nysa, fille de Nicomède III [3]. Voilà pourquoi il lui conféra ce riche bénéfice, avec le titre de roi [4]. Plus tard, Lycomède, ayant embrassé le parti d'Antoine, fut dépouillé par Auguste [5]. C'est alors, à mon avis, que, par une sorte de compensation, Oradaltis, « fille du roi Lycomède », reçut, avec le titre royal, la principauté de Prusias-sur-Mer, devenue vacante [6]. C'est à elle qu'appartient la monnaie n° 30.

*Si quid novisti rectius istis*
*Candidus imperti; si non, his utere mecum.*

[1] Appien *Mith.* 121 (où certains mss. ont Νικομήδην). Strabon XII, 3, 35. Hirtius *Bell. alex.* 66. Hirtius nomme Comana de Cataonie, Appien et Strabon Comana pontique. Ces deux derniers ont probablement raison (Cf. Drumann, III, 351, n° 84 ; 559, n° 13).

[2] Nicomède III avait épousé Nysa, fille d'Ariarathe IV Epiphane (Licinianus, éd. Bonn, p. 36).

[3] Suétone, *César*, 2, 49.

[4] Strabon, XII, 3, 38. Strabon dit ici que Lycomède et Polémon étaient fils de Pharnace, mais le passage est corrompu, puisque, ailleurs, Strabon lui-même nous apprend que Polémon était fils du rhéteur Zénon de Laodicée (XII, 8, 16) (Cf. Sallet, *Num. des Bosporus*, p. 38). Lycomède avait peut-être, comme Polémon, épousé une fille de Pharnace. Serait-ce Musa Orsabaris ?

[5] Strabon, XII, 8, 9.

[6] Cius-Prusias avait toujours été amie des Romains. Dès 196, ils

## II

*Des monogrammes et autres sigles.*

Dans le travail qui précède, j'ai mentionné rarement les monogrammes et lettres qu'on lit au revers de la plupart des pièces d'argent cappadociennes et je ne m'en suis jamais servi comme moyen de classement. Ce n'est pas que je n'apprécie, comme il convient, l'importance qui s'attache à l'étude de ces petits signes, qui, dans certains cas, très rares il est vrai, ont livré à l'investigation numismatique de curieux résultats. Mais, en général, les inductions qu'on peut tirer de leur aspect ont un caractère si hypothétique, qu'il vaut mieux s'en abstenir complètement dès qu'on peut espérer atteindre le but par une autre voie moins sujette à caution.

Toutefois cette monographie ne serait pas complète si je ne la faisais suivre d'un recueil aussi exact que possible de tous les monogrammes de la série. Si je n'ai pas su ou voulu en tirer grand parti moi-même, ce sont là pourtant des matériaux que j'ai le devoir de livrer à des numismatistes plus ingénieux ou plus hardis. Pour leur faciliter la tâche, je présenterai à ce sujet quelques observations générales.

---

réclament sa liberté à Prusias I<sup>er</sup> (Liv. XXXIII, 30). En 73, elle ouvre ses portes à Triarius (Memnon 41). M. de Sallet rattache Lycomède à la famille royale de Pont; en ce cas, ses droits sur la principauté de Cius remonteraient au père de Mithridate Ctistès qui, d'après Diodore, était prince souverain de Cius.

1º Les sigles que je réunis ici sont tantôt des lettres uniques, tantôt des groupes de deux lettres simplement superposées, tantôt enfin des combinaisons plus complexes, formées par l'enchevêtrement de deux ou plusieurs caractères. Les combinaisons de ce troisième genre, auxquelles seules convient le nom de monogrammes, ont été, pour des raisons de commodité typographique, réunies ensemble dans un tableau gravé (planche IV) où chacune d'elles est désignée par un numéro. Dans le tableau ci-après, je donne sous chaque règne et autant que possible [1] par ordre chronologique les sigles des trois espèces, les monogrammes étant représentés par leurs numéros d'ordre.

2º La place régulière de nos sigles est au revers de la pièce, à l'intérieur du carré formé par la légende, mais souvent aussi en dehors de ce carré. Dans quelques pièces anciennes (Ariaramne), un monogramme occupe la place réservée plus tard à la date régnale (l'exergue). A l'inverse, dans les pièces d'Ariobarzane III et d'Ariarathe X, la date remonte à l'intérieur du carré et ne peut être distinguée des autres sigles que par le rapprochement attentif de plusieurs types.

3º Tantôt la pièce n'offre qu'un seul sigle, tantôt elle en offre deux ou trois, jamais davantage. Dans le cas de pluralité, il arrive souvent que le sigle principal, ordinairement un monogramme assez complexe, reste invariable sur plusieurs revers, de coins différents, tandis que les autres sigles changent. On a alors des *familles de monogrammes*.

[1] Malheureusement, sur beaucoup de pièces où le monogramme est distinct, la date a disparu, et *vice versâ*.

4° Beaucoup de monogrammes sont particuliers à un seul règne, ou ne se rencontrent même que sur une seule pièce connue. D'autres fois, un même sigle compliqué, ou même une combinaison de sigles, se retrouve sur les pièces de deux rois différents. Quel que soit le sens attribué à ces symboles, il y a alors de grandes chances pour que ces deux rois aient régné consécutivement : on trouve donc dans ce fait un contrôle très heureux du classement fourni par d'autres considérations. C'est ainsi que la combinaison O Λ se
M
trouve sur les drachmes d'Épiphane aussi bien que de Philométor et vient à l'appui du texte décisif (l'inscription de Délos) qui nous a permis de rapprocher les règnes de ces deux rois. Toutefois cette règle n'est pas absolue, et certains monogrammes se retrouvent identiquement sous deux rois, sans que pour cela il soit possible de les faire régner l'un après l'autre : je citerai, par exemple, le monogramme n° 15 qui se trouve sur les drachmes d'Ariarathe IV Eusèbe (220-163) et d'Ariarathe IX Eusèbe Philopator (100-87).

5° Les monogrammes sont souvent faciles à déchiffrer, c'est-à-dire à résoudre en leurs éléments ; mais de là à déterminer l'ordre de ces éléments et le sens du monogramme, il y a loin. Nos combinaisons sont trop variées pour qu'on puisse voir dans la généralité des monogrammes l'indication d'ateliers monétaires, d'autant plus que la plupart ne correspondent à aucune ville connue de Cappadoce. Toutefois, dans certains cas, cette explication est assez plausible. Ainsi le monogramme n° 39 des tétradrachmes d'Ariarathe IX nous a paru désigner *Amphipolis* et le monogramme I E P, qu'on trouve sur le bronze n° 27 et sur une drachme d'Ariarathe X, doit correspondre à l'une des villes qui portent le surnom d'Hiéropolis (Castabala, Comana). En général cependant les monogrammes nous paraissent désigner des magistrats monétaires (par exemple le n° 63, AΘH, peut désigner la reine Athénais). Je ne suis arrivé à aucun résultat certain en cherchant à retrouver dans les lettres isolées les initiales des mois cappadociens.

Je n'ai fait entrer dans la liste suivante que les monogrammes que j'ai vus moi-même et dont la lecture m'a paru à peu près certaine. On ne s'étonnera donc pas de la trouver moins longue en apparence que les listes de Sestini et de Mionnet, qui ont trop souvent pris pour des monogrammes différents ce qui n'était que les épreuves plus ou moins dégradées d'un seul et même monogramme.

### Ariarathe I$^{er}$.

Groupe n° 1 (araméen).

### Ariaramne.

N° 2.
Id., N° 3.

### Ariaos (?).

ΔΣ (pour δυνάστης?).

### Ariarathe III.

N° 4. Δ (date?) [Tétradrachme].

### Ariarathe IV Eusèbe.

N° 5 N° 6 N° 7 [Tétradrachme, année λ].

Drachmes :

1° *Famille du monogramme n° 6.*
N° 5    N° 6    N° 8.
Id.     id.     N° 9   (année λγ).
N° 10   id.     N° 11  (id.).
N° 9    id.     N° 12  (id.).
        id.     N° 13  (id.).
        id.     N° 14.

2° *Famille du monogramme n° 15* [1].
N° 19   N° 15   N° 16  (année λγ).
N° 17   id.     Δ      (id.).
N° 5    id.     N° 18  (id.).
N° 19   id.     Δ      (id.).
T       id.     id.    (id.).
H       id.     id.    (id.).
        id.     N° 20  (année λα).
        id.     N° 22  (année λγ).

3° *Famille du monogramme n° 25.*
N° 25   Δ.
Id.     Σ.
Id.     T.

4° *Monogrammes divers.*
T       N° 23   N° 24  (année λγ).
N° 26 et autre illisible.
T       A              (année β ou x?).
T                      (année β).
O       K.
Δ

[1] Ces deux monogrammes (6 et 15) sont tellement semblables, que sur beaucoup de pièces il est presque impossible de les distinguer. Je crois cependant qu'ils ne doivent pas être identifiés.

## Ariarathe V Eusèbe Philopator.

*Tétradrachmes.*
Σ (année γ).
*Drachmes.*
N° 27    Σ
Id.    T (années α, β ou ε, δ).

## Oropherne Nicéphore.

N° 28 (Tétradrachme).

## Ariarathe VI Epiphane.

N° 30    N° 31 (année α).
N° 32    N° 33.
N° 34    id. (année ι).
N° 29    (année δ).
$^O_M$    Λ (année ς).
M    K (année ι).
T    (année ε).

## Ariarathe VII Philomètor.

N° 36    N° 37.
N° 35.
N° 38.
$^O_M$    Λ (années ζ, η, θ, ι).
M    K (année ια).
Id.    H.

## Ariarathe IX Eusèbe Philopator.

*Tétradrachme.*
N° 39 (pour Αμφίπολις).
*Drachmes.*
N° 44    N° 45 (année ιβ).
N° 40 (année ιγ).
N° 41.
N° 15 (années δ, ε).
N° 42.
N° 43.
N° $\overset{A}{.}$

## Ariobarzane Ier Philoromaios.

1° *Famille du monogramme n° 47.*
N° 47    A (années ιγ, ιδ).
Id.    Θ (année ιγ).
Id.    N.
Id.        (années κβ, κδ).

2° *Monogrammes divers.*
N° 49    N° 50.
N° 46 (année λ).
N° 48 (année ιγ).
N° 51.
N° 52.
N° 53.
N° 54 (années κα, κζ).
N° 57.
N° 58 (année κη).
N° 59.
N° 55 (année κθ).
N° 56.

## Ariobarzane III Eusèbe Philoromaios.

N° 60.
N° 61 (année θ).
N° 62.
N° 63.

## Ariarathe X Eusèbe Philadelphe.

N° 64 (année ε).
N° 65 (id.).

## III.

TABLEAUX GÉNÉALOGIQUES DES FAMILLES ROYALES DE CAPPADOCE.

### A. *Famille des Ariarathe.*

(Voir la généalogie légendaire donnée par Diodore, *Revue numismatique*, p. 310).

```
                    Ariarathe (I)
                  (331-322) né en 404
                         |
                    Ariarathe (II)
                      (301-280)
                         |
              ———————————————————————
              Ariaramne   Fils   Fils
              (280-230)
                  |
              Ariarathe  (III)
                (230-220)
        ép. en 257 Stratonice, fille d'Antiochus II Théos.
                         |
                  Ariarathe IV Eusèbe
                      (220-163)
                ép. 1° N...  2° en 192, Antiochis, fille d'Antiochus III le Grand
Fils supposés :       |                                                    |
```

Ariarathe Oropherne *Nicéphore*　　　　Stratonice　　　　　　Ariarathe V *Eusèbe Philopator* Fille Fille
　　　(158)　　　　　　　ép. en 188 Eumène II de Pergame　　　　(163-130)
　　　　　　　　　　　　en 159 Attale II de Pergame　　　　　　ex-Mithridate
　　　　　　　　　　　　　　　　　　　　　　　　　　　　ép. vers 162 Nysa (Laodice)
　　　　　　　　　　　　　　　　　　　　　　　　　　　　　　　|

　　　　　　　Démétrius (?)　5 Fils　　　　　Ariarathe VI *Philopator Epiphane*
　　　　　　　　　　　　tués en 130 par Nysa　　　　　(130-112)
　Fils supposé :　　　　　　　　　　　　ép. Laodice, fille de Mithridate V du Pont
　　　　　　　　　　　　　　　　　　　　　　　　　|
　　Ariarathe　　　Ariarathe VII *Philométor*　　Arariathe VIII　　　Nysa
　prétendant en 97　　　(112-100).　　　　　(100-97)　　ép. Nicomède III Philopator.
　　　　　　　　　　　　　　　　　　　　　　　　　　　　　　|
　　　　　　　　　　　　　　　　　　　　　　　　　　　　　　Nysa II
　　　　　　　　　　　　　　　　　　　　　　　　　　　　　　|
　　　　　　　　　　　　　　　　　　　　　　Nicomède (IV) ou Lycomède (?)
　　　　　　　　　　　　　　　　　　　　　　　grand prêtre de Comana
　　　　　　　　　　　　　　　　　　　ép. Musa Orsabaris, fille de Pharnace (?)
　　　　　　　　　　　　　　　　　　　　　　　　　　|
　　　　　　　　　　　　　　　　　　　　Oradaltis, princesse de Prusias

B. *Famille des Ariobarzane.*

Ariobarzane I *Philoromaios* (96-63)
ép. Athénaïs Philostorgos I

Ariobarzane II *Philopator* (63-52)
ép. en 81 Athénaïs Philostorgos II, fille de Mithridate Eupator

Ariobarzane III *Eusèbe Philoromaios*      Ariarathe X *Eusèbe Philadelphe*    Fils (Sisinès?)
(51-42)                                    (42-36)

C. *Famille des Archélaüs.*

N.. (Macédonien?)

Archélaüs (I)            Néoptolème
général de Mithridate VI Eupator    amiral de Mithridate
† après 73

Diogène         Archélaüs (II)
fils ou beau-fils † 85    grand prêtre de Comana † 55
                     ép. 1° N...
                                        2° Bérénice
                                      fille de Ptolémée Aulète, reine d'Egypte

Archélaüs (III)   Fille
grand prêtre de Comana   † 35
ép. Glaphyra I

Archélaüs (IV) *Philopatris Ctistès*
(36-17 ap. J.-C.),
roi de Cappadoce et de Cilicie trachée
ép. 1° N...                                    2° Pythodoris
                                               petite-fille d'Antoine, veuve de Polémon 1er

Archélaüs (V)      Glaphyra (II)
prince des Clites  († 7 ap. J.-C.) ép. 1° Alexandre (I)      2° Juba II
                                  fils d'Hérode le Grand († 4 ap. J.-C.)   roi de Mauritanie

                   Alexandre (II)    Tigrane (I)
                                     roi d'Arménie

                   Tigrane (II)
                   roi d'Arménie sous Néron

                   Alexandre (III)
                   prince d'Elaïoussa sous Vespasien
                   ép. Iotapé, fille d'Antiochus IV de Commagène

# ESSAI SUR LA NUMISMATIQUE

DES

# ROIS DE BITHYNIE

---

## INTRODUCTION

Après avoir étudié, l'année dernière, la numismatique des rois de Cappadoce, j'ai entrepris une étude analogue sur une série voisine, celle des rois de Bithynie. Ce nouveau travail ne présentait pas les mêmes difficultés que le précédent, au moins en ce qui concerne les pièces d'argent, les plus importantes de la série. Ces pièces — des tétradrachmes pour la plupart — se répartissent, sur un espace de deux siècles, entre cinq rois seulement; malgré l'existence d'homonymes — trois Nicomède et deux Prusias — la distribution des différents types entre les cinq règnes est aisée. Les surnoms, les portraits, le style, les symboles accessoires, et, pour les dernières pièces, les dates, fournissent autant d'éléments certains de classement grâce auxquels déjà chez Eckhel, Mionnet et Visconti, l'arrangement général laissait peu de chose à désirer.

Pour les pièces d'argent, par conséquent, ma tâche se bornait à rédiger un catalogue aussi complet et aussi exact que possible des diverses variétés connues, avec leurs dates et leurs monogrammes. Il en était tout autrement pour les pièces de bronze, très nombreuses, surtout sous les deux Prusias. Ici j'ai rencontré des questions d'interprétation et d'attribution obscures, dont les unes n'avaient pas encore été résolues d'une manière satisfaisante, dont les autres n'avaient pas même été effleurées par mes devanciers. Les unes et les autres, je me suis efforcé de les poser nettement et j'ai tâché de les résoudre à mon tour ; je ne me flatte pas d'avoir toujours rencontré juste : j'espère du moins ne pas laisser les problèmes dans l'état où je les ai trouvés.

Pour dresser le catalogue scientifique d'une série monétaire, le premier travail consiste à rassembler le plus grand nombre de matériaux possible. Ce travail préliminaire n'est pas le moins pénible, étant donnée la fâcheuse dispersion des sources — je parle tant des monnaies elles-mêmes que des publications dont elles ont fait l'objet. Le numismatiste consciencieux n'a que le choix entre deux méthodes également gênantes, l'une pour lui-même, l'autre pour ses correspondants : ou voyager à travers toute l'Europe, ou abuser de la complaisance des collectionneurs et des cabinets étrangers pour se procurer des empreintes à domicile. Pour ma part, j'ai recouru successivement à ces deux procédés. J'ai pu étudier sur place le Cabinet de France et le Musée Britannique, les collections privées de MM. Rollin et Feuardent et du regretté Lucien de Hirsch. D'autre part, M. Charles Waldstein, conservateur du Musée Fitzwilliam à Cambridge, a bien voulu m'envoyer des empreintes des plus intéressantes pièces de la collection Leake, léguée à cette Université. M. de Sallet, directeur du Cabinet de Berlin, en a fait autant pour *toutes* les pièces de la collection confiée à sa garde, et j'ai une obligation analogue envers M. Imhoof Blumer. Mais, cette fois encore, je dois mettre hors de pair, dans ma reconnaissance comme dans celle du public, M. Waddington. Ce savant, non content de m'ouvrir son riche médaillier, dont les pièces, choisies avec soin, comblent la plupart des lacunes de notre collection nationale, m'a laissé prendre copie des notes qu'il avait recueillies sur mon sujet en visitant les principaux musées de l'Europe et plusieurs collections particulières, aujourd'hui dispersées. Grâce à cette nouvelle preuve d'un désintéressement scientifique, trop rare pour n'être pas proposé comme exemple, et trop parfait pour rencontrer beaucoup d'imitateurs, j'ai l'espérance d'avoir pu composer un travail à peu près complet, au moins dans l'état actuel des documents. Je n'en fais pas moins appel à tous les numismatistes, savants ou collectionneurs, qui voudront bien m'adresser des additions ou des rectifications en vue d'une réimpression ultérieure. En attendant le *Corpus numorum græcorum*, qui sera, espérons-le, l'honneur de notre Académie au vingtième siècle, comme le *Corpus inscriptionum græcarum* a été celui de l'Académie de Berlin au dix-neuvième, des monographies du genre de celle-ci, qui sont elles-mêmes déjà des œuvres collectives, peuvent servir de pierres d'attente et, sinon de modèles, du moins d'échantillons [1].

## § 1.

### *Origines du royaume de Bithynie.*

De tous les royaumes helléniques de l'Asie Mineure, le royaume de Bithynie est le seul dont les prétentions à une origine pré-alexandrine soient justifiées par les documents ; mais l'État semi-indépendant qui subsistait dans cette contrée au temps de la domination perse n'avait guère de rapport avec la floris-

---

[1] J'indique ici, par ordre chronologique, les principales publications numismatiques que j'ai pu consulter.

Eckhel, *Doctrina numorum*, II, 396 suiv.

Mionnet, *Description des médailles*, II, 503 suiv., et *Supplément*, V, 269 suiv.

Visconti, *Iconographie grecque*, II, 178 suiv., et planche 43.

Ch. Lenormant, *Trésor de Numismatique, Rois grecs*, p. 65 suiv. ; pl. 28 et 29.

Leake, *Numismata hellenica, Asiatic Kings*, p. 41 suiv.

Imhoof Blumer, *Porträtköpfe... hellenischer Völker*, p. 32 et pl. 4.

Head, *Historia numorum*, p. 444 suiv.

Plus, les catalogues de Vienne par Eckhel, et de Berlin (exposition) par M. de Sallet.

Tous ces ouvrages seront cités généralement sous les noms de leurs auteurs, sans indication du titre. J'emploierai également les abréviations DN, pour *Doctrina numorum*, M, pour Mionnet (corps de l'ouvrage), MS, pour Mionnet, *Supplément* ; RN, pour *Revue numismatique* ; NC, pour *Numismatic chronicle* ; ZN, pour *Zeitschrift für Numismatik* de Sallet (Berlin).

sante monarchie des Prusias et des Nicomède [1]. Les Bithyniens (Βιθυνοί) et leurs frères les Thyniens (Θυνοί) étaient des tribus d'origine thrace, venues probablement en Asie à la remorque de l'invasion cimmérienne, au septième siècle avant notre ère. Ces barbares s'établirent sur les deux rives du Sangarius, s'enfonçant comme un coin entre les populations primitives — Bébryces, Phrygiens, Caucones, Mariandynes, Mysiens peut-être — qu'ils refoulèrent vers les frontières du territoire connu plus tard sous le nom de Bithynie. La Bithynie, après avoir fait probablement partie du royaume de Lydie [2], fut incorporée par Cyrus à l'empire perse. Elle fut comprise dans la 3ᵉ satrapie (Phrygie), celle dont le chef-lieu était Dascylion [3]; mais, quoique les « Thraces d'Asie » figurent dans l'armée de Xerxès [4], la soumission de ces peuples belliqueux au pouvoir central devait être très imparfaite, et le lien de vassalité se relâcha encore davantage à la fin du siècle, lorsque les armées grecques commencèrent à faire de fréquentes apparitions sur la côte asiatique de la Propontide [5].

---

[1] Sur l'histoire de la Bithynie, le meilleur travail est le chapitre de Clinton, *Fasti hellenici*, III, 411 (Append. VII), qui a condensé et rectifié, avec sa critique habituelle, la compilation de Foy-Vaillant (*Arsacidarum et Achaemenidarum imperium*, tome II; Paris, 1728) et les recherches de l'abbé Sevin qui s'arrêtent à Prusias Iᵉʳ (*Mémoires de l'Académie des inscriptions*, tomes XII, 16 suiv., XV, 21 suiv., XVI, 141 suiv.). Je ne suis entré dans quelques détails que là où j'ai trouvé Clinton inexact ou insuffisant. Je ne connais pas la dissertation de Nolte, *De rebus gestis regum Bithynorum*, Halle, 1861.

[2] Hérodote, I, 28 (passage suspect).

[3] Hérodote, III, 90.

[4] Hérodote, VII, 75. Ce texte dit que les Bithyniens, avant leur passage en Asie, s'appelaient *Strymoniens*: ce ne peut être un nom national.

[5] Pseudo-Xénophon, *Anabase* VIII, ult., énumère les Bithyniens à part et leur donne pour chef (ἄρχων) Pharnabaze. Ce n'est pas, bien entendu, un

Les Bithyniens, bientôt unis en un seul corps de nation avec les Thyniens, dont le nom disparut, eurent de bonne heure des chefs héréditaires ou dynastes, vassaux plus ou moins dociles du Perse. On peut douter de l'existence d'un prétendu roi Prusias, contemporain de Crésus et de Cyrus, auquel certains textes attribuent la fondation de Prusa (Brousse)[1]; mais on connaît avec certitude trois dynastes bithyniens qui se sont succédé, apparemment de père en fils, entre 425 et 325 environ : Didalsos ou Doedalsos, Boteiras et Bas [2]. Ces dynastes étaient les pauvres chefs de pauvres bandes de chasseurs et de guerriers; ils ne possédaient aucune des villes grecques de la côte [3] et n'ont pas dû frapper monnaie.

La conquête d'Alexandre rompit les derniers liens qui attachaient les Bithyniens à une souveraineté étrangère. Le pouvoir perse tomba sans que le pouvoir macédonien réussît à le remplacer. Le dynaste bithynien Bas battit le lieutenant qu'Alexandre avait envoyé pour gouverner la Paphlagonie et la Bithynie, Calas [4]. Sous son fils et successeur, Zipœtès (326-278 environ),

---

chef national, mais le Satrape perse de Dascylion, distinct du gouverneur de la Grande Phrygie, Artacamas, lequel n'était qu'un sous-préfet de Cyrus, le Jeune (Cf. Krumbholz, *De Asiae minoris satrapis*, p. 58). Pharnabaze eut souvent maille à partir avec les Bithyniens, sujets fort turbulents (*Hell.*, III, 2, 2).

[1] Strabon, XII, p. 564; Étienne de Byzance s. v. Προῦσα. Comparez le Pharnace, roi de Cappadoce vers la même époque, d'après Diodore (fr. XXXI, 19).

[2] Memnon, (F. H. G. III, 525 suiv.) c. 20.

[3] Cependant Strabon, XII, p. 563, paraît croire que Dœdalsos s'empara d'Astacus. Peut-être la ville ou plutôt la bourgade de Bithynium, à l'intérieur des terres, existait-elle aussi dès cette époque.

[4] Telle est la forme du nom chez Q. Curce (III, 1, 24; IV, 5, 13), et chez Memnon. (Lire Κάλαν τὸν Ἀλεξάνδρου στρατηγόν et non avec Clinton Κάλαντον).

les Thraces d'Asie défendirent victorieusement leur indépendance contre Lysimaque et Antiochus Ier.

Zipœtès, prince entreprenant, qui appréciait les bienfaits du régime urbain — il fonda une ville appelée de son nom, et chercha à s'emparer des établissements grecs de la côte, — échangea peut-être à la fin de sa vie le titre de chef (ἐπάρχων), que lui donne Memnon, contre celui de roi, que lui donne Diodore. C'est ce que permet de conjecturer le point de départ de l'ère bithynienne qui se place sous son règne (297 av. J.-C.)[1]. Il était réservé néanmoins à son fils, Nicomède Ier, de devenir le véritable fondateur de la monarchie bithynienne.

## § 2.

### Nicomède Ier et Ziaélas.

Zipœtès avait laissé quatre fils. L'aîné, Nicomède, qui lui succéda, fut, suivant l'expression de Memnon, le bourreau de ses frères. Pour se défendre contre l'un d'eux — le dernier survivant peut-être — qui lui disputait la couronne[2], il invoqua l'assistance des bandes gauloises qui campaient alors aux environs de Byzance. Nicomède signa avec elles un traité en règle et leur fit passer le détroit (277 av. J.-C.), sans se

---

[1] Il faut ajouter que Diodore (XIX, 60) appelle Zipœtès *roi* dès 315; mais on connaît les habitudes négligentes de cet historien en pareille matière. (Cp. *Rois de Cappadoce*, p. 19, note 1.)

[2] Ce prince s'appelait sans doute Zipœtès, comme son père. Tite-Live lui donne le nom de *Zybœta* (XXXVIII, 16). Le nom Zipœtès a souvent été maltraité : Diodore écrit *Zibœtès*, ce qui se rapproche de la forme de Tite-Live ; Plutarque, *Zeipœtès*.

douter probablement qu'il introduisait dans l'Asie Mineure un élément destiné, pendant trois siècles, à jouer un rôle prépondérant dans l'histoire de la péninsule. La conséquence immédiate de cet événement fut la victoire de Nicomède et l'accroissement rapide de la puissance bithynienne. Sous ce règne, la Bithynie devint définitivement un État maritime et noua des relations avec la Grèce occidentale. Nicomédie, fondée par le roi sur un golfe de la Propontide, en face d'Astacus qu'avait détruite Lysimaque, hérita de la prospérité de cette antique cité et fut désormais la capitale du royaume et l'une des métropoles de l'Asie [1].

Nicomède est le premier souverain bithynien dont nous ayons conservé des monnaies — le premier probablement qui en ait émis. Ces monnaies, très rares d'ailleurs, sont frappées d'après l'étalon attique qui, depuis la conquête d'Alexandre, était devenu d'un usage universel dans l'Asie antérieure. Les successeurs de Nicomède restèrent fidèles à ce système [2], tout en modifiant peu à peu l'aspect des pièces.

Les monnaies de Nicomède Ier sont de trois sortes : tétradrachmes et drachmes d'argent, bronzes. En voici la description :

[1] Eusèbe place la fondation de Nicomédie en 264 (Ol. 129, 1). Pausanias, V, 12, 7, attribue cette fondation à Zipœtès, ce qui pourrait faire croire que la nouvelle ville s'éleva sur l'emplacement de Zipœtion, dont nous ignorons le site exact (ὑπὸ τῷ Λυπερῷ ὄρει dit Memnon ; mais où était cette montagne ?).

[2] Je n'ai pas cru, en général, devoir noter les poids des pièces qui seront mentionnées dans ce travail ; des différences de quelques centigrammes, dues à l'usure plus ou moins grande ou à des accidents de fabrication, n'ont aucun intérêt scientifique lorsque le système reste invariable. Je me contente de noter que le tétradrachme le plus lourd de la série (d'après M. Waddington) est une pièce de Prusias II dans la collection de Luynes. Ce tétradrachme pèse 17 gr. 27.

**1.** Tête diadémée de Nicomède I$^{er}$ à droite. Cercle perlé.

℞ ΒΑΣΙΛΕΩΣ ΝΙΚΟΜΗΔΟΥ sur deux lignes verticales. Figure féminine, vêtue d'une courte tunique qui laisse le sein droit, les bras et les jambes découverts, assise sur un rocher, à gauche. La main droite tient deux lances, la gauche une courte épée dont le baudrier pend à terre. Contre le rocher, en avant, un bouclier orné ; derrière, à droite, un arbre dont les branches sont coupées. Dans le champ, monogramme n° 1. Hors du champ, à gauche, petite Victoire planant à gauche.

*Ar.* Tétradrachme (pl. V, fig. 1).

Collection de Luynes (Paris); Vienne (Eckhel; *D. N.* II, 440; *Catalogue*, I, 153); Berlin (Sallet, n° 471). Ce dernier exemplaire n'a pas de monogramme.

Cf. Mionnet, n° 1 ; Imhoof, *Monnaies grecques*, p. 146 ; et les figures dans Visconti, pl. 43, 1 ; Lenormant, 28, 8 ; Luynes, *Choix*, 17, 9 ; Imhoof, *Porträtkœpfe*, IV, 16 ; Fox, *Engravings*, II, pl. 1, 17.

**2.** Même tête diadémée à droite. Cercle perlé.

℞ ΒΑΣΙΛΕΩΣ ΝΙΚΟΜΗΔΟΥ. Figure *mâle* nue assise sur un rocher à gauche. Sa main droite tient deux lances ; contre le rocher, bouclier (?). Devant, dans le champ, le même monogramme n° 1.

*Ar.* Drachme, 4 gr. 17 (pl. V, fig. 2).

Paris. Londres (provient du Cabinet Borrell).

Cf. Borrell, *Numismatic Chronicle*, ancienne série, VI, 123.

**3.** Même tête diadémée à droite.

℞ ΒΑΣΙΛΕΩΣ ΝΙΚΟΜΗΔΟΥ. Figure *féminine* court-vêtue, assise sur un rocher à gauche. La main droite tient une (?) lance ; contre le rocher, bouclier. A gauche, hors du champ, monogramme n° 2 (?).

Æ 4 (pl. V, fig. 3).

Paris (deux exemplaires, dont un très fruste). Autre dans le commerce, avec le monogramme n°3 (Communication de M. Imhoof).

Cf. Mionnet, n°s 2 et 3 (le monogramme est mal reproduit) Visconti, fig. 2; Lenormant, fig. 9.

L'identité du portrait qui figure sur ces trois pièces saute aux yeux. L'épaisseur des flans, la fabrique robuste, l'absence de surnom et de date ne permettent pas davantage le doute sur celui des trois Nicomède auquel nos pièces doivent être attribuées. Sur son portrait, très réaliste, le roi paraît déjà un homme avancé en âge; nos pièces appartiennent donc à la deuxième partie du règne, postérieure à la fondation de Nicomédie. On peut comparer pour le style les médailles un peu plus modernes de Mithridate III du Pont et d'Ariarathe III de Cappadoce; remarquons cependant que le graveur de notre Nicomède a supprimé le bout de vêtement autour du cou qui figure encore sur ces deux dernières médailles. Ce détail témoigne d'un art plus dégagé et, en effet, les arts plastiques trouvèrent en Nicomède un protecteur libéral; il voulut acheter aux Cnidiens la Vénus de Praxitèle[1]; et Pausanias vit sa statue en ivoire dans le portique de Zeus à Olympie[2].

Quelques difficultés se sont élevées sur l'interprétation du type du revers. Des numismatistes distingués

[1] Pline, VII, 38, 127 ; XXXVI, 21.
[2] Pausanias, V, 12, 7.

y reconnaissent une personnification de la Bithynie, analogue à la personnification de l'Étolie qu'on voit sur certaines monnaies de ce pays. Je ne puis admettre cette opinion. Une pareille représentation s'explique dans un pays républicain et fédératif; dans un royaume unitaire, comme l'était la Bithynie, elle serait tout à fait anormale. Il faut préférer l'ancienne explication de Frœlich, qui a reconnu dans la divinité assise, tenant deux lances, l'Artémis δίλογχος (Bendis) des Thraces[1]. Toutefois, sur la drachme, la figure me paraît bien être mâle, et je propose d'y voir Arès, qui était également un dieu favori des Thraces[2]. Quant à la petite Niké, symbole accessoire qui figure sur le tétradrachme, c'est sans doute une allusion au triomphe qu'avait remporté Nicomède avec l'aide des Gaulois. Enfin, les monogrammes, comme tous ceux de cette série, sont des marques d'officiers monétaires, et non d'ateliers.

Outre ces monnaies *certaines* de Nicomède Ier, on lui attribue communément les bronzes suivants :

4. Tête diadémée (Apollon?) à droite.

℞ ΒΑΣΙ. ΝΙΚΟ. sur une ligne horizontale (en bas). Cavalier portant une lance, à droite. Sous le type, ΣΩ.

Æ 4 (pl. VI, n° 10).

Paris.

Mionnet, n° 4; Lenormant, fig. 10.

---

[1] Frœlich. *Regum veterum numi*, p. 40. Cf. Hésychius, s. v. δίλογχον. (Épithète employée par Cratinus.) Les Bithyniens avaient un mois Βενδιδαῖος. Cf. Rapp dans le *Dictionnaire mythologique* de Roscher, s. v. *Bendis*.

[2] Hérodote V, 7. Le premier éditeur de cette pièce, Borrell, décrit la figure comme une Artémis. L'erreur est d'autant plus singulière que, sur son exemplaire (actuellement au Musée britannique), le caractère masculin de la figure est bien accusé.

4 *bis*. Même tête à droite.

℞ ΒΑΣΙΛΕ·· ΝΙΚΟΜΗ… sur deux lignes horizontales. Cheval marchant.

Æ 5. Coll. Savorgnan (Eckhel, *Numi veteres*, p. 192 et pl. XI, 15; d'après lui, Ms 19).

L'absence de surnom et le style justifient l'attribution traditionnelle, mais je me refuse à voir dans la tête de l'avers « un portrait de Nicomède jeune ». C'est manifestement une tête de divinité. Le type n° 4 nous représente ou bien la première monnaie frappée par Nicomède, à une époque où il n'osait pas faire figurer son portrait sur les médailles, ou quelque émission locale faite dans une ville placée sous son autorité.

Malgré l'analogie du revers avec celui des bronzes ci-dessus, je me refuse à donner à Nicomède 1$^{er}$ le bronze anépigraphe suivant qu'on lui a parfois attribué :

Tête de femme voilée à dr. ℞. Cavalier à dr. portant une lance. — Æ 4, Paris (Mionnet, n° 5; Lenormant, fig. 11).

Ch. Lenormant a conjecturé que cette monnaie appartient à la Thessalie.

Nicomède 1$^{er}$ avait épousé successivement deux femmes : la Phrygienne Ditizélé, qui mourut dévorée par un chien, et Étazéta[1]. La première lui donna un fils que les auteurs appellent Zélas, Zéilas ou Ziélas, et

---

[1] Le nom Ditizélé est donné par Tzetzès, *Chiliades*, III, 950, (= *F. H. G.* III, 600), qui avait sous les yeux l'*Histoire bithynienne* d'Arrien. Pline appelle cette princesse Consingis (VIII, 40, 144); mais le texte paraît corrompu. Quant au nom Étazéta, il est transmis par Memnon.

peut-être une fille, Lysandra[1]. De la seconde, il eut plusieurs fils dont un seul, Tibœtès (c'est-à-dire sans doute Zipœtès), nous est connu de nom [2]. Le fils du premier lit était l'héritier légitime de la couronne; mais en butte aux persécutions de sa belle-mère, il avait dû se réfugier en Arménie du vivant de Nicomède; le testament de celui-ci désigna pour successeurs les fils du second mariage, en les plaçant sous la tutelle des républiques et des rois amis (vers 250). Étazéta, qui était sans doute la véritable régente, tâcha de se fortifier en épousant le frère du défunt roi, — on ne sait s'il s'agit de son ex-compétiteur, — mais Ziélas, en digne fils de son père, entreprit de reconquérir son royaume avec l'aide des Gaulois Tolistoboïens. Après les premières hostilités, on conclut un traité qui partageait le royaume entre les divers prétendants; mais ce traité paraît avoir été bientôt déchiré, car dans la suite nous trouvons Ziélas seul roi et son frère consanguin, Tibœtès, exilé en Macédoine. Ziélas, après un règne assez obscur, mourut en 228, assassiné par ses anciens alliés, les chefs gaulois, dont il avait voulu se défaire dans un banquet.

On ne connaissait pas de monnaies de Ziélas avant la découverte récente du bronze suivant, qui est resté unique :

5. Tête diadémée de Ziélas à droite.

℞ [Β] ΑΣΙΛΕΩ [Σ] ΞΙΑΗΛΑ sur deux lignes verti-

---

[1] Tzetzès, *loc. cit.*, donne pour enfants à Ditizélé : Ziélas, Prusias μονόδους et Lysandra. Il s'est évidemment trompé pour le second qui était, en réalité, fils de Prusias II ; il a donc pu se tromper aussi pour Lysandra. Le grammairien byzantin copiait avec négligence un texte déjà peut-être corrompu d'Arrien.

[2] Polybe, IV, 50 et ailleurs.

cales. Trophée dressé. Dans le champ, à gauche, fer de lance à trois dents.

Æ 4 (pl. V, fig. 4).

Cabinet Waddington.

Lambros ZN. III (1876), 220 (fig.).

Cette monnaie nous fait connaître la véritable orthographe du nom de Ziaélas, défiguré par les historiens, ainsi que la déclinaison officielle. La ressemblance de la tête avec celle de Nicomède I$^{er}$ est frappante. Les types du revers rappellent sans doute, comme la Niké de ce dernier, la victoire remportée sur des rivaux. C'est une « monnaie de combat ».

§ 3.

*Les deux Prusias.*

La fille de Ziaélas avait épousé un prince séleucide, Antiochus Hierax[1]; son fils, Prusias I$^{er}$, lui succéda sur le trône. Ce prince, surnommé plus tard *le Boiteux* (χῶλος), à cause d'une blessure qu'il reçut au siège d'Héraclée, fut le plus grand roi de la dynastie. Il avait épousé une femme nommée Apamé[2] dont quelques commentateurs ont fait la sœur de Philippe V de Macédoine. Allié à ce roi, il conquit plusieurs villes grecques. Sous lui commence la longue rivalité des royaumes de Bithynie et de Pergame. Son fils Prusias II,

---

[1] Eusèbe, I, 251, 39 (Schœne).

[2] Strabon, XII, p. 563. Etym. M. v° Ἀπάμεια (avec la correction de Sévin). Étienne de Byzance, v° Μύρλεια, fait au contraire d'Apamé la femme de Prusias II.

*le Chasseur* (κυνηγός), lui succéda vers 185 [1] et, bien différent de son père, fut toute sa vie le tremblant esclave des Romains qu'a immortalisé Corneille. Le second Prusias épousa la sœur de Persée, roi de Macédoine [2]; il eut une fille et deux fils : Prusias « à la dent unique » (μονόδους), qui paraît être mort avant son père, et Nicomède qui, menacé par Prusias, se révolta contre lui avec l'appui du peuple et d'Attale II, et fit égorger le vieillard sur l'autel de Zeus à Nicomédie (149) [3].

Les deux Prusias nous ont laissé un grand nombre de monnaies, notamment des tétradrachmes et des bronzes. Parlons d'abord des pièces d'argent. Ces pièces portent au droit deux portraits différents, dont l'un se distingue par un diadème muni d'ailerons; au revers, la légende uniforme Βασιλέως Προυσίου, et un même type, Zeus stéphanophore debout : seulement sur les exemplaires « aux ailerons », le symbole accessoire du revers est un aigle sur un foudre, tandis que sur les autres le foudre est seul. Ces *différents* ne laissent aucun doute sur le classement de nos pièces : les tétradrachmes à l'aigle et aux ailerons appartiennent au second Prusias, qui a voulu, par l'addition de ces ornements, distinguer son monnayage de celui de son prédécesseur. Les ailerons ne sont pas, d'ailleurs, un emblème arbitrairement choisi. Eckhel y a reconnu le symbole de Persée, le héros dont prétendaient des-

---

[1] Au plus tôt 190, au plus tard 180 (Cf. Meyer, *Geschichte Pontos*, p. 75, note 2).

[2] Tite Live, XLII, 12, 29 ; Appien, *Mith.* 2.

[3] Justin, XXXIV, 4, attribue à Prusias II des enfants de second lit, qu'il aurait voulu préférer à Nicomède. Appien, *Mith.* 5, parle du Thrace Diégylis, comme *allié* (κηδεστής) de Prusias II, sans préciser davantage.

cendre les rois de Macédoine de la maison d'Antigone [1]; or, par sa femme, fille de Philippe V, et peut-être aussi par sa mère, Prusias II se rattachait à cette famille. (Son beau-frère, le dernier roi de Macédoine, avait même reçu le nom de Persée). C'est ainsi qu'Antiochus Théos, dont la mère Stratonice était fille de Démétrius Poliorcète, fit également figurer sur ses monnaies le symbole *perséen* des ailerons.

Les considérations de style viennent confirmer ces conclusions tirées des types. Les tétradrachmes de Prusias I$^{er}$ sont d'une facture en général excellente. Moins massifs que ceux de Nicomède I$^{er}$, ils s'en rapprochent cependant par l'épaisseur du flan; la gravure est bonne, fouillée même, et rappelle les beaux portraits des derniers rois de Macédoine. La décadence est déjà sensible sur les pièces de Prusias II; le burin en est plus mou, et surtout la fabrique plus négligée. Le flan commence à s'allonger et à s'amincir outre mesure et annonce les étranges « galettes » des derniers Nicomède, dont les proportions incommodes font le désespoir des collectionneurs.

Un mot enfin sur le type du revers, commun à nos deux rois, et qui reste d'ailleurs le type constant des tétradrachmes bithyniens jusqu'à la fin de la dynastie. Ce type, assez banal, paraît dériver du revers des tétradrachmes d'Alexandre, de la même façon que la Pallas cappadocienne dérive de la Pallas de Lysimaque : dans les deux cas, une figure assise a été remplacée par une figure debout. Zeus était d'ailleurs particulièrement adoré dans la capitale du royaume,

---

[1] Polybe, V, 10.

Nicomédie. Il y avait un temple où l'on célébrait des fêtes appelées *Soteria*. Un passage de Polybe nous fait même connaître qu'il existait une concurrence entre ces fêtes et celles que les rois de Pergame célébraient en l'honneur de Pallas[1]. D'après ce texte, Visconti a conjecturé que la couronne que tient notre Zeus fait allusion aux prix des *Soteria*, comme la couronne de la Pallas pergaménienne aux prix décernés dans les fêtes de Pergame. Cette conjecture est ingénieuse, mais il me semble que le Zeus, comme la Pallas, est plutôt représenté couronnant le nom du roi.

Je passe maintenant au catalogue des variétés connues de nos deux tétradrachmes.

6. Tête diadémée de Prusias I$^{er}$ à droite. Il porte une courte barbe ronde analogue à celle de Philippe V de Macédoine.

℞ ΒΑΣΙΛΕΩΣ ΠΡΟΥΣΙΟΥ sur deux lignes verticales. Zeus debout à gauche. De la main gauche il tient un sceptre; de la droite, tendue, une couronne. Devant lui, dans le champ, foudre. Au-dessous du foudre, monogrammes divers.

*Ar.* Tétradrachme (pl. V, fig. 5).

*Monogrammes connus*[2] :

a. *Monogrammes de la famille* du n° 1 (ΜΕ) :

1 et 2. — Paris (M. 6; Lenormant, 12). Imhoof, (*Portrâtkœpfe*, IV, 17). Berlin.

---

[1] Polybe, IV, 49.
[2] Je préviens, une fois pour toutes, que, sous ce règne, comme sous les suivants, plusieurs monogrammes que j'ai fait figurer sous des numéros distincts ne sont, au fond, que des variantes d'un seul et même monogramme, dont les éléments sont disposés de façons un peu différentes ou reproduits plus ou moins complètement (par exemple, les n°$^s$ 2 et 4 sont,

1 et 3. — Paris (M. 8 ; Visconti, 3).
1 et 4. — Londres.
1 et 5. — Copenhague.
1 et 6. — Cabinet Hirsch.

b. *Monogrammes divers :*

7 et 8. — Paris (M. 7 ; Lenormant, 13).
9. — Luynes.
10 et 11. — Londres.
12 et 13 — La Haye (Imhoof, Z. N. III, 305 ; fig).
14. — Florence.

Les statères d'or et les drachmes de Prusias Ier qu'on trouve dans les anciennes collections (Paris, Vienne, Florence, etc.) avec les types et légendes des tétradrachmes et le monogramme I.I.TA ou I.TA sont de coin moderne ; il n'est pas impossible cependant qu'on retrouve quelque jour un exemplaire authentique de la drachme qui ait servi de modèle aux faussaires : le monogramme rappelle en effet de près celui du tétradrachme de Luynes (n° 9) et ne ressemble à aucun des monogrammes qui figurent dans les anciens cabinets [1].

7. Tête diadémée de Prusias II à droite ; tantôt imberbe, tantôt avec une barbe naissante. Le diadème porte toujours des ailerons.

℞ ΒΑΣΙΛΕΩΣ ΠΡΟΥΣΙΟΥ sur deux lignes verti-

au fond, identiques ; de même 3 et 5, 6 et 11, etc.) Comme la limite entre les *variétés* et les *espèces* est parfois difficile à tracer, j'ai mieux aimé, dans tous ces cas, pécher par excès que par défaut.

[1] Sur ces pièces, voir Eckhel (dans son catalogue de Vienne, il en donne une comme authentique) et Mionnet (n° 9 et *Suppl.*, n° 1).

cales. Zeus stéphanophore debout à gauche. Dans le champ, aigle sur foudre et monogrammes divers.

*Ar.* Tétradrachme (pl. V, fig. 6).

(Les exemplaires où le roi est *barbu* paraissent plus anciens que ceux où il est représenté *imberbe*, à en juger par la gravure qui est moins molle et la fabrique moins étalée). Prusias II était, d'après Polybe, d'un aspect repoussant, dépourvu de virilité[1]. Sur ses médailles, il est très flatté.

*Monogrammes connus :*

a. *Monogrammes de la famille* du n° 1 (identique au n° 1 de Prusias I<sup>er</sup>) :

1 (seul). — Paris (M. 10) ; Luynes, Naples, Waddington, Rollin, Imhoof (*Porträtkœpfe*, IV, 18); Berlin.

1 et 2 [2]. — Paris (M. 14; Lenormant, 15).

1 et 3. — Vente Cabouli.

b. *Monogrammes divers isolés :*

3 bis. — Paris (M. 12).

4. — Paris (M. 11 ; Lenormant, 14).

5. — Paris (M. 13).

6. — Paris.

7. — Londres.

8. — Londres.

9. — Cambridge (mal reproduit par Leake).

10. — Berlin.

11. — Pétersbourg.

12. — Turin. Imhoof.

---

[1] Polybe, XXXVII, 2. Εἰδεχθὴς ὢν κατὰ τὴν ἔμφασιν... ἥμισυς ἀνὴρ κατὰ τὴν ἐπιφάνειαν. Le portrait moral n'est pas plus avantageux.

[2] Ce monogramme me paraît être simplement un H avec une soufflure accidentelle.

13. — Naples.
14. — Cabinet Hirsch. Berlin.
36. — Vienne.
37. — Vienne.

c. *Monogrammes divers accouplés :*

15 et 14. — Paris (M. 15 ; Lenormant, 16 ; Visconti, 4).
16 et 17. — Pétersbourg.
18 et 19. — Milan (ancienne collection de Modène).
20 et 21. — Collection Lambros.
22 et 23. — Cabinet Hirsch.

8. Même tête imberbe et diadémée à droite. Le diadème porte des ailerons.

℞ ΒΑΣΙΛΕΩΣ ΠΡΟΥΣΙΟΥ sur deux lignes verticales. Zeus stéphanophore debout à gauche. Aigle sur foudre. Monogramme 24 ou 25.

*Ar.* Drachme (pl. V, fig. 7).

Luynes, Naples (Imhoof, *Monnaies grecques*, 240, 63), Munich.

J'arrive aux bronzes des Prusias, et d'abord à une classe de bronzes qui est unanimement attribuée à Prusias II.

9. Tête diadémée, imberbe et ailée à droite.

℞ ΒΑΣΙΛΕΩΣ ΠΡΟΥΣΙΟΥ sur deux lignes verticales. Héraclès nu, debout vers la gauche, tenant dans la main droite la massue, dans la main gauche la peau de lion. Sans monogramme ou avec monogrammes divers (en bas, à droite).

Æ 4 (pl. V, fig. 8).

*Monogrammes connus :*

1. — Paris ; Waddington.
26. — Paris.
27. — Paris (M. 23).
28. — Paris.
29. — Paris (M. 20, mal reproduit). Berlin. Imhoof.
30. — Paris (M. 19) ; Londres. Berlin.
31. — Paris (M. 21 ; Lenormant, XXIX, 8). Berlin.
21. — Londres. Berlin.
32. — Cambridge.
33. — Berlin.

Mionnet donne encore sans indication de provenance (Ms 10, 11) les monogrammes 34 et 35 dont je n'ai pu retrouver les originaux, et qui paraissent mal lus.

Malgré l'autorité de tous les numismatistes antérieurs, j'hésite à voir dans la tête au droit de nos bronzes le portrait de Prusias II. Cette tête n'offre aucune analogie avec celle qui figure sur les pièces d'argent et je préfère y reconnaître le héros Persée. C'est ainsi d'ailleurs que dans la numismatique de Persée, roi de Macédoine, le portrait du roi ne figure que sur les pièces d'argent et celui de son héros homonyme sur les bronzes. Quant à l'Héraclès, type de nos bronzes, c'est une représentation favorite dans la dynastie macédonienne, à laquelle on a vu que Prusias II se rattachait par son mariage.

Outre ces bronzes d'une attribution certaine, il existe une grande quantité de bronzes sans portraits, de types et de modules divers, portant uniformément au revers la légende ΒΑΣΙΛΕΩΣ ΠΡΟΥΣΙΟΥ sur deux lignes verticales. En l'absence d'un critérium décisif, ces pièces ont été jusqu'à présent classées sous la rubrique *Prusias incertus*. Avant d'en tenter la classification, je vais placer sous les yeux du lecteur la liste complète des variétés connues.

10. Tête de cheval à droite.

℞ ΒΑΣ·ΠΡ. Fer de lance.

Æ 2 (pl. VI, fig. 1).

Paris (M. 45; Lenormant, XXIX, 11); Waddington (exemplaire reproduit); Berlin.

10 *bis*. — Protome de cheval à gauche.

℞ ΒΑΣ·ΠΡ. Sanglier debout à droite sur fer de lance.

Æ $2\,{}^{1}/_{2}$. Munich.

Je ne connais cette pièce que par une communication de M. Imhoof. C'est probablement la même que celle que Mionnet (*Suppl.* n° 7) et Lenormant (XXIX, 13) ont inexactement décrite d'après Sestini (*Musée Ainsley*), avec le monogramme suspect 1 ou 2.

11. Aigle vers la droite. Cercle perlé.

℞ ΒΑΣ·ΠΡ. Foudre.

Æ 1 sans monogramme. — Paris.

Æ 4 avec monogrammes (pl. VI, fig. 2).

    Mon. 3 (peut-être simplement Σ). — Paris (M. 46; Lenormant, 9, 12).

    Mon. 4. — Londres (avec une contremarque représentant une tête au droit). Autre chez Imhoof, sans monogramme.

12. Tête diadémée de Zeus à droite.

℞ ΒΑΣ·ΠΡ. Foudre ailé dans une couronne de chêne qui renferme la légende et le monogramme 5 (lu à tort Κ par Mionnet).

Æ 5 $^1/_2$ (pl. VI, fig. 3).

Paris (M. 34 ; Lenormant, 6). Berlin (monogr. 25 et contremarque au droit).

12 a. Tête diadémée de Zeus à gauche.

℞ ΒΑΣ·ΠΡ. Arc et carquois.

Æ 5 $^1/_2$.

Cabinet Le Goy (Ms 2). Imhoof.

12 b. Tête de Zeus ceinte d'un filet à gauche. Cercle perlé.

℞ ΒΑΣ·ΠΡ. Trophée. Un Φ (?) et le monogramme 6.

Æ 4.

Cabinet Imhoof (*Monnaies grecques*, 241, 64 a).

12 c. Tête laurée de Zeus.

℞ ΒΑΣ·ΠΡ. Cheval au galop à droite.

Æ 4.

Cabinet Cousinéry (M. 48).

12 d. Tête laurée de Zeus.

℞ ΒΑΣ·ΠΡ. Victoire debout tenant une palme dans la main droite.

Vienne (Eckhel, *Catalogue*, 154, 8).

13. Tête de Dionysos, couronné de lierre, à droite.

℞ ΒΑΣ·ΠΡ. Centaure Chiron à droite jouant de la lyre. Sans monogramme ou avec monogrammes divers.

Æ 4 à 5 $^1/_2$ (pl. VI, fig. 4).

*Monogrammes connus :*

7. — Paris (M. 29, 30); Londres, Cambridge; Berlin.

8. — Paris (M. 33); Londres ; Berlin.

9. — Paris (M. 32 ; Lenormant, 4) ; Luynes, Londres; Berlin, Imhoof.

10. — Paris (M. 28) ; Londres; Berlin.

11. — Paris (M. 31), Londres, Waddington ; Berlin. Imhoof.

22. — Berlin.

Mionnet donne encore (*Suppl.* n°ˢ 8 et 9) les monogrammes 12 et 13, dont je n'ai pas trouvé les originaux.

14. Tête laurée d'Apollon à gauche. Parfois deux contremarques : dans l'une, une tête ; dans l'autre, une lyre.

℞ ΒΑΣ ΠΡ. Pallas ailée à gauche. Elle tient une palme dans la main droite et appuie la gauche sur une égide posée à ses pieds. Pas de monogramme ou monogrammes divers.

Æ 7 ou 7 $^1/_4$ (pl. VI, fig. 6. Cf. Imhoof, *Num. Zeitschrift* de Vienne, III, pl. V, 4).

*Monogrammes connus :*

14. — Paris (M. 35).

15. — Paris (M. 36, 38 ; Lenormant, XXIX, 1), Londres, Cambridge, Berlin. Souvent deux contremarques.

16. — Paris (M. 39, 47) ; Londres (deux contremarques). Imhoof.

17. — Londres (contremarque *tête*). Berlin. (2 contr.). Imhoof.

18. — Londres (fruste).

Plus, à Paris, un monogramme illisible dont la

transcription par Mionnet (n° 40) est certainement fausse.

14 a. Tête laurée d'Apollon, parfois avec carquois, à droite.

℞ ΒΑΣ·ΠΡ. Arc et carquois.

Æ 4.

Paris (M. 43, Ms 3 ; Lenormant, 10); Londres, Cambridge, Berlin. Imhoof, Waddington.

14 b. Même droit.

℞ ΒΑΣ·ΠΡ. Lyre, et parfois, à gauche, palme.

Æ 4 (pl. VI, fig. 5).

Paris (M. 44 ; Lenormant, 7) ; Londres, Berlin (parfois une contremarque au droit). Imhoof.

14 c. Casque de face, avec les couvre-joues rabattus (?)

℞ ΒΑΣ·ΠΡ. Arc.

Æ $^3/_4$.

Berlin.

15. Tête d'Hermès, coiffée du pétase, à droite.

℞ ΒΑΣ·ΠΡ. Hermès nu, debout, de face, les épaules couvertes de la chlamyde. Il est placé sur un cippe, les jambes serrées en forme de gaine ; la main gauche tient le caducée, la droite est levée vers la tête. Monogramme 19.

Æ 11 (pl. VI, fig. 7).

Paris (M. 25 ; Lenormant, 5) ; Imhoof (*Mon. gr.*, 241, 64).

Æ $1 ^1/_2$. Imhoof.

15 a. Même droit.

℞ ΒΑΣ·ΠΡ. Lyre

Æ 6.

Paris; deux exemplaires. Le premier (M. 26, Lenormant, XXVIII, 17) présente au droit deux contremarques (trépied et caducée) ; le second (Ms 5 ; Lenormant, XXIX, 3) porte une seule contremarque (caducée) et, au revers, les lettres P Ψ suivies de deux monogrammes très effacés (n°$^s$ 20 et 21). Mionnet en a vu trois qu'il a reproduits d'une manière fantaisiste.

15 *b*. Tête d'Hermès (ou Persée) à droite, tantôt ailée (Paris), tantôt avec pétase (Londres).

℞ ΒΑΣ.ΠΡ. Caducée, quelquefois (Paris) surmonté d'un disque.

Æ $^3/_4$ ou 1 (Paris, Waddington, Imhoof, Berlin), 2 (Londres), 2 $^1/_2$ (Paris), 4 (Ms 6, d'après Neumann).

16. Tête casquée de Pallas à gauche, avec boucles d'oreilles et collier.

℞ ΒΑΣ.ΠΡ. Victoire ailée, marchant à droite, un trophée posé sur l'épaule gauche. Grénetis. Parfois, monogramme.

Æ 8 ou 9 (pl. VI, fig. 8).

*Monogrammes connus :*

9. Berlin. Imhoof (N. Z. 1871, pl. V, 7).

19. Paris (M. 41, mal reproduit ; Lenormant, XXIX, 2 ; Imhoof, N. Z. III, 30, pl. V, 7).

22. Cambridge (d'après Leake).

16 *a*. Tête casquée de Pallas à droite.

℞ ΒΑΣ ΠΡ. Victoire marchant à gauche avec couronne et palme.

Æ 8.

Paris (M. 42).

16 *b*. Même droit.

℞ ΒΑΣ.ΠΡ. Victoire en marche à gauche, tenant

dans la main droite aplustre, dans la gauche un socle de trophée[1] (une croix). Devant elle, les bonnets des Dioscures et les monogrammes 23 et 24.

Æ 7.

Cabinet Imhoof (Imhoof ZN. I, 138, pl. IV, 13). Berlin.

16 c. Tête casquée de Pallas.

℞ ΒΑΣ ΠΡ. Trophée.

Mionnet (*Suppl.* n° 4) d'après Sestini.

17. Tête barbue d'Héraclès à droite.

℞ ΒΑΣ ΠΡ. Trophée (ou palladium ?).

Æ 1 $^1/_2$ (pl. VI, fig. 9).

Cambridge. Berlin (*Beiträge*, 1851, p. 84, mal décrit).

En présence de cette multiplicité de pièces et de types, d'autant plus singulière que la monnaie de bronze disparaît presque complètement sous les règnes suivants, il m'est difficile de croire que nous ayons ici une monnaie vraiment royale, circulant dans tout le royaume : la perturbation amenée par un tel système eût été trop grande. La seule hypothèse plausible me paraît être que nous avons affaire ici, sauf peut-être pour les types 10 et 11, à des monnaies *purement locales*, frappées, il est vrai, au nom du roi, et peut-être par ses officiers, mais exclusivement destinées à circuler dans le ressort de telle municipalité importante. En d'autres termes, la situation monétaire des villes bithyniennes — soit conquises, soit fondées par les rois — aurait été assez semblable, au IIIe et au

---

[1] Ces attributs de Niké se retrouvent sur les statères d'or d'Antigone Ier seulement (Imhoof).

II° siècle, à ce qu'elle fut un peu plus tard sous la domination romaine. La seule différence c'est que sous le régime romain le nom des villes autorisées à émettre des monnaies de bronze figure sur leurs pièces en toutes lettres, tandis que, sous les Prusias, on n'y lit que le nom du roi. Nous pouvons néanmoins, dans la plupart des cas, arriver à déterminer la provenance de nos différentes pièces : il suffit pour cela de comparer leurs types à ceux des villes bithyniennes à l'époque romaine, où la présence du nom de la cité enlève toute incertitude.

En suivant cette méthode, nous attribuerons avec une grande vraisemblance :

A Nicomédie, et peut-être à Prusa, les types 12 (Zeus);

A Nicée, et peut-être à Tium, les types 13 (Dionysos);

A Apamée et à Chalcédoine les types 14 (Apollon);

A Bithynium les types 15 (Hermès)[1].

Le type 16 (Pallas-Victoire) appartient peut-être aussi à Nicomédie; il figure sur des monnaies de cette ville au nom du proconsul Carbon.

Quant au type 17 (Héraclès), je l'attribuerais à Cius-Prusias, pendant le court intervalle où cette ville, conquise par Philippe V de Macédoine et donnée par lui à Prusias Ier (203), n'avait pas encore obtenu, grâce à la protection romaine, une situation privilégiée. En 196, en effet, les Romains intercédèrent en faveur de Cius[2], et il est à croire que leur intercession

---

[1] La fondation de cette ville était attribuée à des Arcadiens de Mantinée, et l'on prétendait qu'Hermès était né à Mantinée (Pausanias, VIII, 9).

[2] Tite-Live, XXXIII, 30.

fut écoutée, car on trouve ensuite des monnaies autonomes de bronze, de cette ville, avec la légende ΠΡΟΥΣΙΕΩΝ ΤΩΝ ΠΡΟΣ ΘΑΛΑΣΣΗΙ et la tête d'Hercule, mais sans nom de roi.

Après avoir classé *géographiquement* nos bronzes, il resterait à les classer *chronologiquement*, c'est-à-dire à les répartir entre les deux Prusias. C'est là une tâche à peu près impossible, car les variations de style, dans un espace si court, et surtout pour des pièces de bronze d'un travail assez négligé, ne sont guère appréciables. Toutefois, dans certains cas, la comparaison des monogrammes avec ceux des monnaies royales proprement dites peut fournir un principe de classement plausible, sinon certain. Ainsi le monogramme 5 des *incertaines* à la tête de Zeus, identique au n° 3 *bis* de Prusias II, permet d'attribuer à ce règne une, au moins, des pièces de Nicomédie. Les n°s 7, 8, 9, 10, 11 des *incertaines* (Dionysos=Nicée) sont pareillement identiques aux n°s 30, 31, 21, 26, 29 du même roi. Le n° 19 (Hermès-Pallas=Bithynium) reproduit aussi le n° 27 de Prusias II.

Au contraire, le n° 17 (Apollon=Apamée) est identique au n° 14 de Prusias I$^{er}$, etc.

Enfin les types 10 et 11, que je considère comme des monnaies royales, appartiennent probablement, l'un à Prusias I$^{er}$ (le fer de lance figure sur le bronze de son père Ziaélas), l'autre à Prusias II (l'aigle sur foudre a été introduit sur les tétradrachmes par ce prince). Ce dernier type peut aussi appartenir à Nicomédie[1].

---

[1] Voir l'aigle sur foudre à Nicomédie chez Eckhel, II, 429.

## § 4

### LES DERNIERS NICOMÈDE.

On a vu que Prusias II eut pour meurtrier et pour successeur, en 149 [1] avant J.-C., son fils de premier lit, Nicomède II. Ce prince est appelé *Epiphane* par les médailles et les inscriptions [2] — surnom déjà porté par Ptolémée V et Antiochus IV; Licinianus nous apprend qu'il se nommait également *Evergète*, comme ses contemporains Antiochus VII, Ptolémée VIII, Pylémène I$^{er}$, Mithridate IV [3]. Son règne, qui se prolongea pendant plus d'un demi-siècle, fut une suite de tentatives d'agrandissement déjouées les unes par l'ingratitude des Romains, les autres par la perfidie de ses alliés. Dans la guerre d'Aristonic (133-129), les troupes de Nicomède figurèrent du côté des Romains; il réclama pour son salaire la grande Phrygie, déjà convoitée par ses prédécesseurs; mais le consul Aquillius vendit cette province à Mithridate Evergète, roi de Pont, et lorsque les ambassadeurs de Nicomède portèrent plainte à Rome, le peuple romain trancha le différend en confisquant la province litigieuse (121).

---

[1] Zonaras IX, p. 465, donne seul la date, mais elle est confirmée par d'autres témoignages indirects; ainsi Caton, qui railla l'ambassade envoyée pour réconcilier Prusias et son fils, mourut en 149. (Cicéron, *Brutus*, 15; Pline, XXIX, 1.)

[2] C. I. G. 2279 (Délos). Dans les autres inscriptions où ce roi est mentionné, il ne porte pas de surnom. (*Bull. corr. Hell.*, IV, 488; VI, 337.)

[3] Licinianus, ed. Bonn., p. 37. Cf. *Revue numismatique*, 1887, 2$^e$ trim.: *Mithridate Eupator et son père*.

Environ dix-huit ans plus tard, Nicomède se vengea des Romains en leur refusant ses contingents contre les Cimbres ; vers la même époque, il se ligua avec Mithridate Eupator pour la spoliation de ses voisins. Les alliés s'emparèrent à frais communs de la Paphlagonie et de la Galatie, mais ils se brouillèrent au sujet de la Cappadoce, qu'ils désiraient tous deux. Nicomède gagna d'abord son rival de vitesse : il mit la main sur la Cappadoce et épousa, de gré ou de force, la reine régente Laodice ; mais bientôt Mithridate chassa les Bithyniens, restaura son neveu Ariarathe VII Philométor, puis tua ce prince, trop peu docile, et mit à sa place son propre fils, Ariarathe (IX) Eusèbe Philopator (100). Tous les efforts de Nicomède, soit pour ramener en Cappadoce le second fils d'Ariarathe VI et de Laodice, soit pour faire reconnaître la légitimité d'un prétendu troisième fils, échouèrent : en 96, les Romains enlevèrent la Cappadoce à Mithridate et la Paphlagonie à Nicomède, qui y avait installé son propre fils sous le nom de Pylémène II [1].

Peu après ces mortifications, Nicomède II mourut, peut-être de mort violente [2], laissant le trône à son seul fils légitime, le Pseudo-Pylémène, qui prit le nom, désormais consacré, de Nicomède (III) [3]. Les auteurs et les inscriptions [4] le connaissent sous le surnom de *Philopator*; on verra que sur ses médailles

---

[1] Pour les révolutions de Cappadoce et la justification des dates, voir *Rois de Cappadoce*, p. 16, 49 et 60.

[2] Licinianus, p. 37 : *Senc mortuo, incertum an veneno*. Cf. Pline, VIII, 64.

[3] Strabon, XII, 4, 2 : Πολλοὶ (τῶν Βιθυνικῶν βασιλέων) δ'ὁμωνύμως ὠνομάσθησαν, καθάπερ Πτολεμαῖοι, διὰ τὴν τοῦ Πρώτου δόξαν. Il y a là un peu d'exagération

[4] C. I. G. IV, 6855 d : Φιλοπάτωρ τὸ δεύτερον εἰς Βιθυνίαν κατελθὼν ἔβα

il conserva l'effigie et le surnom, *Epiphane*, de son père. Les débuts du nouveau règne furent marqués par des tragédies domestiques, et en 91 un frère bâtard de Nicomède III, Socrate le Bon (*Chrestos*), s'empara du trône avec l'appui de Mithridate : pendant son court règne, cet usurpateur s'intitula, comme ses prédécesseurs, Nicomède (IV) Epiphane [1]. Le roi légitime, réfugié à Rome, fut ramené dès l'année suivante par les Romains, et Mithridate fit même assassiner son protégé Socrate. Mais en 89, l'agression des Bithyniens contre le Pont déchaîna la première guerre mithridatique, qui coûta de nouveau son royaume à Nicomède. Vaincu à la bataille de l'Amnias (88), il reprit le chemin de l'exil, et la Bithynie fut incorporée au Pont. En 85, après les batailles de Chéronée et d'Orchomène, les préliminaires de Délium, bientôt confirmés par l'entrevue de Dardanus, stipulèrent la restauration de Nicomède ; il fut effectivement rétabli dans son royaume par un légat de Sylla, Curion (84), et y régna dix ans en docile ser-

σίλευσεν. Cette inscription n'a pas un caractère officiel ; sur l'inscription délienne, *Bull. corr. hell.*, IV, 188, antérieure, il est vrai, à son avènement, notre Nicomède ne prend pas de surnom.

[1] Ceci résulte non seulement de ses monnaies (voir plus loin), mais de deux textes des auteurs : 1° Memnon, c. 30, appelle l'usurpateur : Nicomède *Chrestos* ; 2° Le *Périple* du Pseudo-Scymnus (*Geog. min.* Didot, I, 196) est dédié à un Nicomède qui a régné quelque temps après l'extinction de la dynastie de Pergame (voyez v. 16 suiv.), c'est-à-dire à Nicomède III ou IV ; or, Chrestos me semble clairement désigné aux vers 50 suiv. :

ἐγὼ δ'ἀκούων διότι τῶν νῦν βασιλέων
μόνος βασιλικὴν ΧΡΗΣΤΟΤΗΤΑ προσφέρεις.

Déjà Dodwell avait reconnu l'allusion ; elle est aujourd'hui confirmée par le témoignage de Licinianus, suivant lequel Socrate fut élevé à Cyzique ; or, précisément Pseudo-Scymnus rappelle (v. 59 suiv.) le culte de son patron pour l'Apollon de Cyzique (Didyméen).

viteur du Sénat. Il mourut en 74[1], léguant par testament ses États au peuple romain, dont il se regardait comme l'affranchi. Il avait cependant été marié deux fois : d'abord à sa propre tante paternelle, — une fille de second lit de Prusias II, — ensuite à Nysa, fille et héritière d'Ariarathe VI de Cappadoce ; mais le premier mariage fut court et stérile ; quant à la seconde reine, accusée, peut-être à tort, par son beau-frère Socrate, elle dut être mise à mort : on verra plus loin que ses deux enfants ne furent pas considérés comme légitimes [2].

Après la mort de Nicomède III, la Bithynie fut réduite en province par les Romains. Conquise par Mithridate en 73, elle lui fut arrachée l'année suivante et définitivement organisée par Pompée, en 66.

Je suis entré dans ces quelques détails sur les derniers Nicomède, parce que leur histoire a reçu un supplément de lumière par la découverte des fragments de Licinianus, dont Clinton n'a pas pu profiter. Je n'ai tenu aucun compte, dans cet exposé, d'une phrase difficile d'Appien, qui termine son histoire sommaire des derniers rois de Bithynie. Voici cette phrase [3] :

---

[1] Eutrope, VI, 6.
[2] Licinianus, p. 37 : *Nicomedes... sororem patris ducit uxorem... post (quam?) mortua est morbo an dolo, Nisam Ariarathis Cappadocum regis filiam accepit. Hanc Socrates ad regem refert bellum contra fratrem incitavisse. Exceptus a rege munifice*, etc. L'accueil fait au calomniateur prouve le succès de la calomnie. La reine Nysa est encore mentionnée dans la lettre de Mithridate à Arsace (Salluste, *Kritz* ; IV, 20, 9) : *Cum filius Nysae quam reginam appellaverat* (Nicomedes) *genitus haud dubie esset*. En se servant des termes *quam reginam*, etc., qui font penser à une mésalliance, Salluste a sans doute confondu la Nysa, femme de Nicomède III, avec une autre Nysa, femme de Nicomède II ; celle-ci, était, en effet, une danseuse. (Memnon, c. 30, combiné avec Justin, XXXVIII, 5.)
[3] Appien, *Mithridate*, 7.

τὰ μὲν δὴ Βιθυνῶν ὧδε εἶχε· καὶ εἴ τῳ σπουδὴ πάντα προμαθεῖν, υἰωνὸς τοῦδε (il vient de parler de Nicomède III Philopator) ἕτερος Νικομήδης Ῥωμαίοις τὴν ἀρχὴν ἐν διαθήκαις ἀπέλιπεν. D'après cette phrase, il semble que Nicomède III, au lieu d'être le dernier roi de Bithynie, ait eu pour successeur son petit-fils, Nicomède (IV ou V), lequel aurait légué ses États aux Romains. Quoique cette opinion ait été défendue par quelques historiens modernes, la chronologie s'y oppose absolument. Le fils de Philopator, né entre 96 et 92 (sa mère Nysa est condamnée vers cette année), avait au plus vingt ans en 74; s'il avait lui-même un fils, c'était un enfant au berceau, incapable de faire un testament. Pourquoi d'ailleurs cet enfant aurait-il succédé à son aïeul, *per saltum, omisso medio*, alors que l'existence de son père est attestée à cette date par Salluste?

Il faut donc nous en tenir à l'opinion qui résulte naturellement de tous les autres textes [1] et de la logique même des événements : le testament de Philopator en faveur des Romains n'est que le couronnement de toute une vie de fidélité ou de platitude. Quant à la phrase d'Appien, c'est sans doute une interpolation due à quelque lecteur oisif et inintelligent qui aura voulu compléter les indications de son auteur sur les destinées du royaume de Bithynie. Trouvant un peu plus loin (ch. 71) la phrase : Νικομήδους ἄρτι τεθνεῶτος ἄπαιδος (erreur) καὶ τὴν ἀρχὴν Ῥωμαίοις ἀπολιπόντος, — il se contenta de la démarquer, sans faire attention que le dernier Nicomède était précisément

---

[1] Par exemple, Ampélius, c. 34 : *Nicomedes, socius et amicus populi Romani, in cujus amicitia prima ætate Caesar fuit, qui moriens testamento et ipse populum Romanum heredem designavit* (MSS : dimisit.)

celui dont Appien venait de parler, le fils et successeur de Nicomède II. Reste enfin à mentionner un texte du chronographe Syncelle [1] qui compte en Bithynie huit rois, à partir, sans doute, de Zipœtès : or, Zipœtès, Ziaélas, deux Prusias et trois Nicomède ne font que sept. Mais probablement Syncelle — ou plutôt sa source, Denys — comptait dans le nombre l'usurpateur Socrate [2].

Les médailles des deux Nicomède (trois en comptant Socrate) qui ont régné de 149 à 74 avant J.-C. sont, pour la plupart, des tétradrachmes attiques aux types suivants :

18. Tête diadémée et imberbe, à droite. ℞. ΒΑΣΙ-ΛΕΩΣ | ΕΠΙΦΑΝΟΥΣ ΝΙΚΟΜΗΔΟΥ sur trois lignes verticales. Zeus stéphanophore debout à gauche ; dans le champ, aigle sur foudre. Au-dessous du foudre, monogramme et date.

Ar 8 (et au delà).

---

[1] P. 276 C et 315 D. Il est inutile de discuter un autre texte manifestement corrompu d'Appien (*Mith.* 2) qui compte en Bithynie quarante-neuf rois !

[2] Je profite de cette occasion pour rectifier une opinion émise dans les *Rois de Cappadoce*, p. 17. Je crois actuellement que les sept rois de Cappadoce comptés par Diodore (Syncelle) sont Ariaramne, Ariarathe III-V, Orophernc et Ariarathe VI-VII, car Ariarathe VIII n'a pas régné et les deux premiers Ariarathe n'ont pas porté le titre de rois.

*Variétés connues.*

*Sans date ou avec une date effacée :*

Monogramme n° 5 [1]. — Paris (vente Cousinéry).
—     n° 6. — Milan (ancienne collection de Modène)[2].
—     n° 7. — Mionnet sup. 12 (douteux).

[1] La pièce est fruste en bas à gauche ; il y avait place pour une date. Le monogramme est peut-être identique au n° 8, les deux ronds pouvant être des soufflures accidentelles.

[2] Je ne connais cette pièce que par les notes de M. Waddington. Il en est de même de toutes celles de cette collection, ainsi que celles de Turin, Copenhague et Pétersbourg.

*Pièces datées :*

| DATE BITHYNIENNE | AVANT J.-C. | MONOGRAMME | COLLECTION OU SOURCE |
|---|---|---|---|
| NP [1] | 150 | 148/7 | 8 | Paris, Londres, Turin, Bompois. — Mionnet 51, Lenormant 15, Visconti 6, Eckhel. — [Pl. VIII, fig. 1.] |
| ANP | 151 | 147/6 | 8 | Berlin, Waddington. |
| BNP | 152 | 146/5 | 9 ou 9 *bis* | Waddington, Commerce (communication de M. Imhoof). |
| ΓNP | 153 | 143/2 | 10 | Paris. |
| » | » | » | 11 | Commerce (Imhoof). |
| ϚNP | 156 | 142/1 | 12 | Waddington, Imhoof. |
| ZNP | 157 | 141/0 | 12 | Paris (cassé). — M. 52. |
| ΘNP | 159 | 139/8 | 11 | Waddington. |
| ΞP | 160 | 138/7 | 10 | Paris, Rollin. — M. 53. |
| AΞP | 161 | 137/6 | 11 | Waddington. |
| » | » | » | 10 | Luynes. |
| BΞP | 162 | 136/5 | 10 | Berlin, Munich, Rollin. — M. 54, Eckhel. |
| » | » | » | 13 | Commerce (Imhoof). |
| ΓΞP [2] | 163 | 135/4 | 10 *bis* | Waddington. |
| EΞP | 165 | 133/2 | 10 *bis* | Paris, Turin, Berlin, Imhoof. Eckhel. |
| ϚΞP | 166 | 132/1 | 10 *bis* | Paris, Londres, Imhoof, Hirsch. M. 55. |
| ZΞP | 167 | 131/0 | 10 *bis* | Paris, Milan, Bompois. |
| HΞP | 168 | 130/29 | 15 | Waddington. |
| ΘΞP | 169 | 129/8 | 15 | Paris, Waddington. |
| » | » | » | 16 | Londres. |
| » | » | » | 16 *bis* | Berlin. |

[1] Sur ce tétradrachme et ceux des trois années suivantes (151-153), la date affecte la forme d'un monogramme (Mon. 1-4).
[2] Autre de la même année avec un mon. douteux, n° 14 (M. S. 13, cab. d'Hermand).

| DATE BITHYNIENNE | AVANT J.-C. | MONOGRAMME | COLLECTION OU SOURCE |
|---|---|---|---|
| AOP | 171 | 127/6 | 10 bis | Londres, Waddington. |
| BOP | 172 | 126/5 | 10 bis | Lambros. |
| » | » | » | 15 | Paris. — M. 56 d'après Sestini. |
| ΓOP | 173 | 125/4 | 10 bis | Berlin, Waddington. |
| » | » | » | 16 | Waddington, Bompois. |
| ΔOP | 174 | 124/3 | 16 ter | Waddington. |
| EOP | 175 | 123/2 | 10 bis | Paris. — M. 57, Eckhel. |
| ϹOP | 176 | 122/1 | 10 bis | Paris, Berlin. — M. 58. |
| ZOP | 177 | 121/0 | 10 bis | Paris, Berlin. |
| HOP | 178 | 120/19 | 17 | Copenhague. — Eckhel. |
| ΘOP | 179 | 119/8 | 17 bis | Paris. |
| » | » | » | 18 | Waddington. |
| ΠP | 180 | 118/7 | 18 bis | Paris, Londres. M. 59. |
| » | » | » | 19 | Berlin. |
| » | » | » | 20 | Waddington. |
| » | » | » | 21 | Londres. |
| AΠP | 181 | 117/6 | 18 | Paris, Vienne, Pétersbourg, Copenhague, Waddington, Imhoof, Rollin. |
| » | » | » | 18 bis | Berlin. |
| » | » | » | 22 | M. Sup. 15 (cabinet Allier), dout. |
| BΠP | 182 | 116/5 | 18 | Londres, Rollin. |
| » | » | » | 23 | Waddington. |
| ΓΠP | 183 | 115/4 | 24 | Paris, Londres. — M. Sup. 16. |
| » | » | » | 16 | Paris, Naples, Imhoof. |
| ΔΠP | 184 | 114/3 | 16 ou 16 ter | Paris, Berlin, Vienne. — Imhoof Port. IV, 19. |
| » | » | » | 24 | Waddington. — M. Sup. 17. |
| EΠP | 185 | 113/2 | 24 | Berlin, Waddington. |
| » | » | » | 23 | Waddington. |
| ϹΠP | 186 | 112/1 | 24 | Berlin. — Sallet, Cat. n° 474. |
| Z ΠP | 187 | 111/0 | 24 | Paris, Londres, Vienne, Hirsch. Eckhel, M. S. 14. |

— 127 —

| DATE BITHYNIENNE | AVANT J.-C. | MONOGRAMME | COLLECTION OU SOURCE |
|---|---|---|---|
| HΠP | 188 | 110/109 | 24 | Paris, Berlin, Copenhague. — M. 60, Visconti, 7. |
| » | » | » | 25 | Londres. |
| ΘΠP | 189 | 109/8 | 23 bis | Waddington. |
| » | « | | 26 | Londres. |
| » | « | » | 27 | Londres. |
| ΩP | 190 | 108/7 | 27 | Berlin. — Sallet, Cat. n° 475. |
| » | » | » | 29 ou 29 bis | Waddington. — M. 61 d'après Sestini. |
| AΩP | 191 | 107/6 | 28 | Paris, Berlin. |
| » | 192 | » | 29 ter | Londres. |
| BΩP | » | 106/5 | 29 ter | Paris. |
| » | » | » | 30 | Berlin, Cambridge. |
| ΓΩP | 193 | 105/4 | 21 | Hirsch. — M. 62. |
| » | » | » | 30 | Waddington. |
| ΕΩP | 196 | 102/1 | 31 | Paris. |
| ZΩP | 197 | 101/0 | 31 | Paris. |
| » | » | » | 29 ter ou quat. | Londres, Pétersbourg, Berlin. |
| HΩP | 189 | 100/99 | 32 | Paris, Milan. |
| » | » | » | 33 | Berlin. |
| ΘΩP | 199 | 99/8 | 34 | Waddington. |
| » | » | » | 35 | Paris. |
| » | » | » | 36 | Commerce (Imhoof). |
| Σ | 200 | 98/7 | 37 | Paris, Londres, Berlin. |
| » | » | » | 38 | Waddington. |
| AΣ | 201 | 97/6 | 37 | Paris. |
| » | » | » | 39 | M. S. 18 d'ap. Sestini (très dout.). |
| BΣ | 202 | 96/5 | 40 | Berlin. |
| » | » | » | 37 bis | Commerce (Imhoof). |
| ΔΣ [1] | 204 | 94/3 | 41 | Paris, Pétersbourg. — M. 64. |
| EΣ | 205 | 93/2 | 42 ou 42 bis | Paris, Cambridge. — M. 65 et Sup. 20; Lenormant, 16; Visconti, 8. |

[1] Cette année paraît être celle de l'avènement de Nicomède III.

| DATE BITHYNIENNE | AVANT J.-C. | MONOGRAMME | COLLECTION OU SOURCE |
|---|---|---|---|
| » | » | » | 43 | Berlin. |
| » | » | » | 44 | Pétersbourg. |
| ΓΣ | 206 | 92/1 | 42 | Londres, Imhoof (*Port.* IV, 20). |
| » | » | » | 46 | Paris. — M. 66. |
| » | » | » | 45 | Paris, Londres, Munich. |
| » | » | » | 47 | M. S. 21 (douteux). |
| ΖΣ [1] | 207 | 91/0 | 48 | Paris, Londres, Berlin. [Pl. VIII, fig. 2.] |
| » | » | » | 49 ou 49 bis | Waddington, Cambridge, Copenhague. |
| » | » | » | 50 | M. S. 22 (douteux). |
| ΗΣ [2] | 208 | 90/89 | 48 | Paris, Londres, Pétersbourg. — Lenormant, 17. |
| ΘΣ [3] | 209 | 89/8 | 49 | Paris. — M. 67. |
| » | » | » | 51 | Paris (troué). — M. 68. |
| ΒΙΣ [4] | 212 | 86/5 | 52 | Cambridge. |
| ΔΙΣ [5] | 214 | 84/3 | 33 bis | Londres, — Head, *Hist. num.*, p. 445, fig. |
| » | » | » | 53 | Londres. |
| ΕΙΣ | 215 | 83/2 | 54 | Pétersbourg. |
| ΚΣ | 220 | 78/7 | 33 bis | Paris, vente Cousinéry d'après Lenormant, 19 (je n'ai pas retrouvé cette pièce). |
| ΓΚΣ | 223 | 75/4 | 49 | Paris. — M. S. 23; Lenormant, 18. |
| » | » | » | 48 | Berlin, Pétersbourg. |
| ΔΚΣ [6] | 224 | 74/3 | 55 | Berlin. [Pl. VIII, fig. 3]. |

[1] Usurpation de Socrate *Chrestos* (Nicomède IV).
[2] Première restauration de Nicomède III.
[3] A la fin de cette année, la Bithynie est conquise par Mithridate Eupator.
[4] Vers le milieu de cette année, la Bithynie fut arrachée à Mithridate par Fimbria, à la tête des légions valériennes. Sur les prétendues monnaies de l'an ΑΙΣ (Eckhel, d'après Sestini, *Lett.* III, 146 et coll. Bunbury), voir plus loin.
[5] Traité de Dardanus, 2ᵉ restauration de Nicomède III.
[6] Au commencement de cette année, mort de Nicomède III et annexion de la Bithynie par les Romains.

Cette longue série de tétradrachmes, indice d'une fabrication singulièrement active qui ne s'est ralentie que dans les dernières années, appelle plusieurs observations.

1° *Types*. Le type du revers de nos tétradrachmes est le même que sous Prusias II ; la tête de l'avers reste identique pendant toute la série, les légères variantes qu'on peut y remarquer tiennent à l'art ou au caprice du graveur. Ainsi, les fils de Nicomède II ont conservé sur leurs médailles, à l'exemple des rois d'Égypte et de Pergame, la tête de leur père, que le public y avait vu figurer pendant cinquante ans. Il faut voir dans cette mesure un témoignage de la piété filiale, vraie ou simulée, qui valut à Nicomède III le surnom de Philopator, et que le Pseudo-Scymnus vante aussi chez son frère, l'usurpateur Socrate.

2° *Légende*. Elle se distingue de celles des tétradrachmes des rois précédents par l'addition d'un surnom, placé entre le titre royal et le nom propre. Cet ordre est insolite et ne se retrouve pas sur les statères d'or dont il sera question plus loin.

3° *Poids*. Sous Nicomède II, les poids oscillent, en général, entre 16 et 17 grammes, comme sous les Prusias (le tétradrachme Imhoof de l'an 166 atteint même 17 gr. 21). Pendant le premier règne de Nicomède III et l'usurpation de Socrate, les poids fléchissent sensiblement : en 205 (93/2 av. J.-C.), 13 gr. 92; en 207 (91/0 av. J.-C.), 14 gr. 37. Ce fait atteste une situation troublée, une administration obérée et malhonnête. Pendant le second règne de Nicomède III (84-74), le pays jouit de la paix et de la prospérité, les poids se relèvent en conséquence (en 223 = 75/4 av. J.-C., 16 gr. 92). Cependant, le dernier tétradrachme de la série, frappé pendant la maladie du roi ou peut-être même après sa mort, ne pèse plus que 15 gr. 17.

4° *Fabrique*. L'aspect des pièces subit des fluctuations parallèles à celle des poids. Presque toujours, quand les poids sont faibles, la gravure est négligée ; sur quelques tétradrachmes, notamment sur le dernier, le portrait est une véritable caricature et le revers n'est pas plus soigné. Très souvent, les pièces sont d'une largeur et d'une platitude exagérées : j'ai déjà signalé ce défaut à propos des tétradrachmes de Prusias II, mais il s'accentue beaucoup sous les Nicomède.

5° *Monogrammes*. Chaque pièce porte un monogramme unique — et non plus deux comme sur beaucoup de pièces de Prusias — qui représente une signature de magistrat. En consultant le tableau (planche IX), on remarquera que le même monogramme se reproduit pendant deux ou plusieurs années consécutives, puis s'éclipse pour reparaître quelquefois plus tard : ainsi le même officier monétaire pouvait conserver ses fonctions pendant plusieurs années, ou y être appelé à plusieurs reprises. Souvent une même année offre, sur des coins différents, deux (rarement trois) monogrammes ; il n'est pas rare alors que ces monogrammes se répètent l'année suivante (par exemple 179 et 180, 183 et 184). On peut en conclure qu'il y avait dans le royaume deux ateliers monétaires principaux (probablement Nicomédie et Nicée), qui fonctionnaient parallèlement.

6° *Dates*. Les dates constituent le principal intérêt

de notre série de tétradrachmes. L'usage de dater la monnaie d'après une ère fixe et invariable prit naissance en Phénicie et fut adopté par les Séleucides après la conquête de cette province. Leur exemple fut bientôt suivi par les Parthes, qui adoptèrent l'ère des Séleucides et, par un renchérissement d'exactitude, ajoutèrent l'indication du mois à celle de l'année. En Asie mineure, les rois de Pergame n'employèrent jamais de dates; ceux de Cappadoce se contentèrent, comme les Ptolémées, des années régnales. Au contraire, Nicomède II de Bithynie introduisit, dès son avènement, le système syrien, et Mithridate Eupator, à la suite, sans doute, de son voyage en Bithynie, en fit autant : les monnaies pontiques portent, comme celles des Parthes, l'indication du mois; quant à leur ère, on verra qu'elle est identique à celle des Bithyniens.

La plus ancienne date de la série des Nicomède est l'an 150, la plus récente 224 : l'intervalle est de 74 ans. Or, entre l'avènement de Nicomède II (149) et la mort de Nicomède III (74), il s'est écoulé 75 ans. Suivant donc qu'on admet que le premier tétradrachme daté est de l'année même de l'avènement de Nicomède II ou de l'année suivante, on placera le point de départ de l'ère bithynienne en automne 298 avant J.-C. ou 297 : aucune autre époque n'est possible. (Les Bithyniens, comme les autres peuples de l'Asie mineure hellénisée, faisaient certainement usage de l'année macédonienne, ou d'une année analogue, commençant vers l'équinoxe d'automne.) De ces deux dates, c'est la seconde qui me paraît préférable pour plusieurs raisons : 1° Il existe des tétradrachmes non datés, au moins un, celui de Milan (voir le tableau ci-dessus). Il est plus naturel de les placer *avant* la série des pièces datées qu'*après* : la première année de Nicomède II, 149/8, se trouve ainsi représentée. 2° Entre les années bithyniennes 209-212, il y a une lacune [1]. Cette lacune s'explique parfaitement avec l'époque d'octobre 297, car alors 209 Bith. = 89/8 avant J.-C., année à la fin de laquelle la Bithynie fut conquise par Mithridate, et 212 Bith. = 86/5, année où la Bithynie fut reconquise par Fimbria et put recommencer à frapper monnaie au nom du roi légitime. Au contraire, avec l'époque d'octobre 298, 209 Bith. = 90/89 avant J.-C. et 212 Bith. = 87/6 avant J.-C., on ne s'expliquerait pas que Nicomède n'eût *pas* frappé monnaie à la première de ces dates, où il commandait une armée de 50,000 hommes, et encore moins qu'il eût frappé monnaie à la seconde, où son royaume était tout entier aux mains de Mithridate.

Ainsi, déjà pour des raisons intrinsèques, l'ère octobre 297 est très vraisemblable ; mais cette vraisemblance devient presque une certitude, si on rapproche la série bithynienne de la série pontique, dans laquelle cette ère d'octobre 297 est assurée [2]. Les rapports de commerce entre les deux royaumes voisins, qui

---

[1] Sestini donne, à la vérité, un tétradrachme de l'année 211 et M. Waddington croit en avoir vu un dans la collection Bunbury ; mais il n'y a probablement là qu'une fausse lecture : ΑΙΣ pour ΔΙΣ. Un des tétradrachmes de Londres avec l'an ΔΙΣ (mon. 53) est si bizarrement gravé que le Δ peut très bien passer pour un Α. Au reste, l'existence même prouvée d'un tétradrachme de l'an 211 n'infirmerait pas mon système, car la ville de Chalcédoine est probablement restée fidèle à Nicomède pendant toute la guerre.

[2] Voir Eckhel, II, 381, d'après Cary et Fröhlich (deux monnaies de Sauromate II, de l'an 413, ont l'une la tête de Trajan, l'autre celle d'Adrien ; le changement de règne eut lieu en août 870 de Rome = 117 ap. J.-C.).

avaient probablement conclu une alliance monétaire, recommandaient tout naturellement l'adoption d'une ère commune — absolument comme entre les Parthes et les Syriens. Comme la première monnaie bithynienne datée est de l'an 150, et la première pontique de 202 [1], on voit que la priorité appartient à la Bithynie, plus avancée d'ailleurs en civilisation que le Pont. La prétendue ère pontique ou *achéménide* est, en réalité, une ère bithynienne; l'origine correspond sans doute à la prise du titre royal par Zipœtès, au moment où l'attention de Lysimaque était détournée sur les affaires de Macédoine par la mort de Cassandre. La seule objection qu'on puisse faire est l'indication de Syncelle, ou plutôt de Denys, d'après laquelle le royaume de Bithynie aurait duré 213 ans [2]; mais tout le monde reconnaît que les dates de Syncelle, dans ce passage, sont absurdes et son texte de Denys était sans doute corrompu : au lieu de 213, il faut lire 223, ce qui répond à la véritable durée du royaume bithynien (297 — 74 avant J.-C.).

Outre les tétradrachmes d'argent que je viens d'étudier, Nicomède II a frappé quelques statères d'or. C'était une innovation assez hardie, car jusque-là le monnayage d'or avait été considéré comme le privilège des grandes dynasties, Séleucides et Ptolémées; cependant, Mithridate II de Pont, sans doute au moment de son alliance avec Antiochus le Grand, avait déjà émis

---

[1] Je rappelle que la monnaie datée de Mithridate Evergète, an 173 (Vaillant), est fausse.
[2] Syncelle, p. 276 C. De même, p. 313 D, il fait durer le royaume de l'an du monde 5268 à 5480 (233-21 av. J.-C.).

quelques statères d'or. Les statères de Nicomède appartiennent aux premières années de son règne, les plus florissantes ; en voici la description :

19. Tête diadémée du roi, à droite.

ɴ̃. ΒΑΣΙΛΕΩΣ | ΝΙΚΟΜΗΔΟΥ ΕΠΙΦΑΝΟΥΣ sur trois lignes horizontales. Cavalier au galop, à gauche ; il porte une lance et un grand bouclier rond [1]. Dans le champ, monogramme, avec ou sans date.

AV 5. Poids 8 gr. 510.

Deux exemplaires connus : 1° Paris, avec le monogramme 9 *ter*, à peu près identique à ceux des tétradrachmes de l'an 152, 146/5 av. J.-C. (Mionnet, 50 ; Visconti, 5). [Pl. VIII, fig. 4.]

2° Luynes, ex-Allier, avec la date ΞΡ[2] = 160, 138/7 avant J.-C. et un monogramme peu distinct, probablement le n° 10. (Mionnet, 49 ; Lenormant, 14.)

Enfin, il existe quelques bronzes de nos Nicomède, beaucoup plus rares que ceux des Prusias [3] :

20. ΒΑΣΙΛΕΩ [Σ] ΝΙΚΟΜΗ [ΔΟΥ]. Corne d'abondance chargée de fruits.

ɴ̃. ΕΠΙΦΑΝΟΥΣ entre les neuf rayons d'une étoile.

Æ 2. [Pl. VIII, fig. 5.]

Berlin, Imhoof. (Cf. *Monnaies grecques*, p. 241, 65 ; *Choix*, III, 97.)

---

[1] Comparez le type des revers sur certains statères d'or de Démétrius Poliorcète.

[2] La date étant au bord du flan, le ξ pourrait être précédé à gauche d'une autre lettre.

[3] Le bronze n° 4 (Pl. VI, fig. 10), précédemment attribué à Nicomède I<sup>er</sup>, pourrait, à la rigueur, appartenir à Nicomède IV (Socrate). Les lettres ΣΩ seraient les initiales de son nom véritable, et le type serait Apollon didyméen. (Cf. Ps. Scymnus, v. 59.) Si séduisante que soit cette attribution, je dois dire que les considérations de style ne lui sont pas favorables.

**21.** ΒΑΣΙΛΕΩΣ ΝΙΚΟΜΗΔΟΥ sur deux lignes verticales. Chouette de face.

℞. ΕΠΙΦΑΝΟΥΣ sur deux lignes verticales. Pallas debout à gauche appuyée sur l'égide.

Æ 2. [Pl. VIII, fig. 6.]

Berlin (inédit).

Les types attiques de ce dernier bronze rappellent les relations amicales de Nicomède II avec Athènes : une inscription délienne nous apprend, en effet, que le roi et la république se cotisèrent pour dédier un temple et une statue à Isis Némésis [1].

§ 5. *Orsobaris et Oradaltis.*

La série des monnaies royales de Bithynie se termine, à proprement parler, avec le dernier tétradrachme de Nicomède III. Pourtant, on rattache d'ordinaire à cette série deux groupes de pièces de transition, frappées en Bithynie au $1^{er}$ siècle avant notre ère ; je me conformerai à cet usage, quoique j'aie déjà étudié dans ce recueil le premier groupe [2], mais je suis aujourd'hui en mesure de fournir à son sujet des renseignements plus précis.

**22.** ΒΑΣΙΛΙΣΣΗΣ ΜΟΥΣΗΣ ΟΡΣΟΒΑΡΙΟΣ en légende circulaire. Tête de reine diadémée à gauche.

℞. ΠΡΟΥΣΙΕΩΝ ΤΩΝ ΠΡΟΣ ΘΑΛΑΣΣΗΙ en légende circulaire. Tête barbue d'Hercule à gauche.

Æ 5. [Pl. VIII, fig. 7.]

---

[1] Voir le texte de cette inscription *Bull. corr. hell.*, VI, 337. La date, 107 avant J.-C. est déterminée par le nom de l'*épimélète* Dionysios, fils de Nicon. (Homolle, *ib.*, VIII, 104.)

[2] *Rois de Cappadoce*, p. 73-75.

Il existe, à ma connaissance, quatre exemplaires de cette médaille de bronze : un à Paris (Mionnet, n° 69 ; Lenormant, XXX, 1 ; Visconti, n° 10) ; deux à Turin, dont un fruste ; un dans le cabinet Imhoof, que j'ai fait reproduire [1]. Les deux exemplaires de Turin, que je ne connais que par M. Waddington, sont probablement identiques à ceux que mentionne Eckhel : l'un avait déjà été publié par Scipion Maffei (*Ant. gall. epist.*, 2), l'autre, du cabinet Savorgnan, fut publié par Eckhel (*Numi veteres*, p. 193 ; pl. XI, 17). Sur tous ces exemplaires, la disposition des légendes est la même, excepté sur celui d'Eckhel, si la gravure est fidèle, où la légende du droit tient tout entière en une ligne. La légende du revers est peu lisible sur certains exemplaires, mais les parties bien conservées se complètent de manière à ne laisser aucun doute sur la restitution.

23. ΩΡΑΔΑΛΤΙΔΟΣ (ou ΩΡΟΔΑΛΤΙΔΟΣ) ΒΑΣΙ-ΛΕΩΣ ΛΥΚΟΜΗΔΟΥΣ ΘΥΓΑΤΡΟΣ en légendes circulaires. Tête de reine diadémée à droite.

℟. ΠΡΟΥΣΙΕΩΝ ΠΡΟΣ ΘΑΛΑΣΣΗ, en légende circulaire. Foudre, simple ou ailé, dans une couronne.

Æ 5. [Pl. VIII, fig. 8.]

Cette médaille a été publiée pour la première fois par Eckhel, d'après un exemplaire de la collection Savorgnan (*Numi veteres*, p. 192 ; pl. XI, 16 : il y aurait au droit ΩΡΑΔΑΛΤΙΔΟΣ, au revers ΘΑΛΑΣΣΑ?) ;

---

[1] Précédemment (*Rois de Cappadoce*, pl. III, 29), j'avais fait reproduire l'exemplaire de la Bibliothèque nationale ; en comparant les deux photogravures, on peut s'assurer que les deux pièces sont identiques et probablement du même coin ; seulement celle de M. Imhoof est un peu mieux conservée.

un autre exemplaire, mentionné par Eckhel, appartenait à la comtesse Bentinck (Catalogue de cette collection, *Suppl.*, p. 46). J'ignore ce que sont devenues ces deux médailles; actuellement, je connais deux autres exemplaires : celui de Paris, acquis en 1817, et assez fruste — (au droit, on ne lit plus que... ΛΕΩΣ ΛΥΚΟΜΗΔ... ΘΥΓΑΤΡΟΣ) — qu'ont décrit Mionnet (n° 70), Lenormant (XXX, 2 suiv.) et Visconti (n° 9) ; et celui de Saint-Pétersbourg, beaucoup meilleur, sur lequel je lis... ΟΔΑΛΤΙΔΟΣ ΒΑΣΙ-ΛΕΩΣ ΛΥΚΟΜΗΔΟΥΣ (et non, comme l'a cru lire M. Waddington, ΝΙΚΟΜΗΔΟΥΣ) ΘΥΓΑΤΡΟΣ. Cette dernière pièce est peut-être identique à celle du musée Hedervar où Sestini (Mionnet, *Suppl.*, n° 24) donne la forme impossible ΛΙΚΟΜΗΔΟΥΣ. Sur toutes les pièces la légende est circulaire et ΘΥΓΑΤΡΟΣ forme une deuxième ligne.

Nos deux bronzes, on le voit, ont été frappés à Prusias *ad mare*, l'ancienne Cius sur la Propontide, par deux reines d'ailleurs inconnues. Rappelons d'abord en peu de mots l'histoire de Cius-Prusias. Cette ville, une fondation milésienne[1], conquise en 499 par les Perses[2], devint ensuite tributaire d'Athènes[3]; au IVe siècle, elle est le siège d'une dynastie locale, perse d'origine, et tige des futurs rois du Pont[4]. La conquête d'Alexandre rend à Cius

---

[1] Aristote ap. schol. Apol. Rhod., I, 1177. (*Fragmenta hist. gr.*, Didot, II, 161.)

[2] Hérodote, V, 122.

[3] Liste des tributaires en 440 avant J.-C. (Dittenberger, *Sylloge*, n° 15.)

[4] Diodore, XX, 111. De cette époque datent les bronzes avec ΚΙΑΝΩΝ et la tête mitrée. (Head, *Hist. num.*, p. 439.)

l'indépendance et lui apporte la prospérité[1]; mais en 203, Philippe V de Macédoine s'en empare, détruit la ville, alors alliée aux Etoliens, et donne l'emplacement à son allié Prusias I$^{er}$, roi de Bithynie[2]. Ce prince y éleva une ville nouvelle, qu'il appela Prusias-sur-Mer, pour la distinguer de son homonyme Prusias-sur-Hypius, l'ancienne Ciérus[3]; à cette occasion, les Romains intervinrent, on ne sait avec quel succès, en faveur des anciens habitants que le vainqueur avait réduits en esclavage[4]. En 72, quand les Romains chassèrent Mithridate de la Bithynie, Prusias leur ouvrit ses portes[5]. Sous l'Empire elle reprit, vers le temps de Claude, son ancien nom de Cius; c'est aujourd'hui une bourgade insignifiante, *Chio* ou *Ghemlik*.

Les types du revers de nos deux bronzes ne nous arrêteront guère. La foudre dans une couronne, du n° 23, est une représentation banale que nous avons déjà rencontrée sur des bronzes municipaux de Bithynie, contemporains des Prusias (n$^{os}$ 11 et 12). La tête d'Hercule du n° 22 est une allusion à la fondation prétendue de Cius par Hercule ou l'un de ses compagnons, Kios ou Hylas[6].

Les deux reines, dont les droits nous ont transmis

---

[1] Plutarque, *Phocion*, 18; Elien, *Var. hist.*, I, 25. Sur les monnaies de cette époque (pièces d'argent et d'or) cf. Waddington, *Mélanges*, 2$^e$ série, p. 41. Cius, saccagée en 302 par Démétrius Poliorcète (Eustathe sur Denys le périégète, v. 805) dut se relever rapidement. (Cf. Memnon, c. 22.)

[2] Polybe, XV, 21.

[3] Strabon, XII, 4, 13, etc.

[4] Polybe, XVIII, 27.

[5] Memnon, c. 43.

[6] Kios, d'après Strabon et Aristote; Polyphème, d'après Apollonius. (I, 1321); Hylas, d'après Memnon; Hercule, d'après les monnaies impériales (ΗΡΑΚΛΕΟΥC ΚΤΙCΤΟΥ ΚΙΑΝΩΝ.)

le nom et l'effigie, doivent appartenir à l'époque comprise entre la conquête de la Bithynie par les Romains (72 av. J.-C.) et l'avènement d'Auguste : en effet, les légendes circulaires sont inconnues en Asie mineure avant la conquête romaine, et les dynasties locales disparaissent rapidement après Auguste. Or, nous trouvons précisément dans cet intervalle de quarante ans : 1° une fille de Mithridate appelée Orsabaris, qui fut menée en triomphe par Pompée[1] ; 2° un *roi*, Lycomède, ainsi nommé par Strabon[2]. Il n'est pas douteux, pour moi, que nos deux reines ne soient précisément cette Orsabaris (la variante Orsobaris est insignifiante) et la fille de ce Lycomède. L'antériorité de la première médaille est prouvée par l'orthographe archaïque ΘΑΛΑΣΣΗΙ. Pompée, qui copiait Alexandre le Grand, aura offert Prusias à la fille de Mithridate, comme Alexandre avait offert Cius à Phocion. Les Mithridate avaient, d'ailleurs, des droits héréditaires sur cette ville, qui appartint à leurs ancêtres au IVᵉ siècle.

Quant à Orodaltis ou Oradaltis, elle dut être installée à Prusias par César, qui se plaisait à rescinder les arrangements de Pompée et à évincer ses créatures. Précisément à cette époque, — lors de la campagne contre Pharnace, en 47, — César enleva à Archélaüs (petit-fils du général de Mithridate) le sacerdoce lucratif de Comana pontique, pour le transférer à Lycomède[3]. Il ne pouvait pas laisser Prusias à une fille de

---

[1] Appien, *Mith.*, 117.
[2] Strabon, XII, 3, 38.
[3] Appien, *Mith.*, 121 : τὰ δ'ἑτέροις ὑπὸ τοῦ Πομπηίου δεδομένα ὁ μὲν Γαίος... ἐφύλαξε, πλὴν τῆς ἐν Κομάνοις ἱερωσύνης, ἣν ἐς Λυκομήδην (dans les manuscrits de 2º classe : Νικομήδην) μετήνεγκεν ἀπὸ Ἀρχελάου.
Strabon, XII, 3, 35 : υἱὸς δ'αὐτοῦ (d'Archélaüs II) τὴν ἱερωσύνην παρέ-

Mithridate, au moment où il avait à combattre son frère : la fille de Lycomède obtint ce petit apanage. Maintenant quel était ce Lycomède ?

Si l'on en croyait un texte de Strabon, il faudrait voir en lui un fils de Pharnace [1]; mais ce texte est manifestement corrompu, car Polémon y est appelé également fils de Pharnace, et cependant Strabon lui-même, confirmé par les médailles, nous apprend ailleurs que Polémon était fils du rhéteur Zénon, de Laodicée [2]. Quelle vraisemblance, d'ailleurs, que César, en guerre avec Pharnace, eût choisi ce moment pour donner Comana à un fils de Pharnace ? Il faut donc chercher autre chose. Or, voici en quels termes Hirtius définit Lycomède [3] : « Un très noble Bithynien, qui, issu du sang des rois de Cappadoce (mais déchu) par suite des malheurs de ses ancêtres et son changement de race, réclamait le sacerdoce de Comana, en vertu de droits incontestables, mais effacés par le temps. »

λαβεν, εἶθ' ὕστερον Λυκομήδης, ᾧ καὶ τετράσχοινος ἄλλη προσετέθη.
C'est par erreur que Hirtius, *Bell. Alex.*, 66, parle ici de Comana de Cataonie. Le témoignage du Cappadocien Strabon est décisif.

[1] Strabon, XII, 3, 38 : ἐνταῦθα (au château de Sagylion, près d'Amasée) δὲ ἑάλω καὶ διεφθάρη ὑπὸ τῶν Φαρνάκου τοῦ βασιλέως· παίδων (γαμβρῶν?) Ἀρσακῆς, δυναστεύων καὶ νεωτερίζων... τοῦ ἐρύματος ληφθέντος ὑπὸ Πολέμωνος καὶ Λυκομήδους, βασιλέων ἀμφοῖν.
La correction que j'indique pourrait s'appuyer sur le fait que Polémon épousa Dynamis, fille de Pharnace. (Dion, LIV, 24.) Toutefois, ce mariage n'eut lieu qu'en 14 avant J.-C., longtemps après la destitution de Lycomède. M. de Sallet propose, avec assez de vraisemblance, de remplacer ὑπὸ par εἰς : comme un des fils de Pharnace s'appelait Darius, l'autre aurait bien pu s'appeler Arsace.

[2] Strabon, XII, 8, 16; XIV, 2, 24.

[3] Hirtius, *Bell. Alex.*, 66. *Id* (templum Bellonæ) *homini nobilissimo Lycomedi Bithynio adjudicavit, qui regio Cappadocum genere ortus, propter adversam fortunam majorum suorum mutationemque generis, jure minime dubio, vetustate tamen intermisso, sacerdotium id repetetat.*

Nous avons ici un personnage descendu des anciens rois de Cappadoce — c'est-à-dire des Ariarathides — et devenu Bithynien par adoption ou autrement. Or, le seul homme de ce temps auquel convienne un semblable signalement est le fils du dernier roi de Bithynie, Nicomède III, dont la légitimité était contestée et qui, par cela même, ne pouvait s'intituler que « très noble Bithynien ». Ce jeune prince descendait, en effet, des rois de Cappadoce par sa mère Nysa, fille d'Ariarathe VI Epiphane [1], devenue seule représentante de sa race par la mort prématurée de ses deux frères, Ariarathe VII *Philométor* et Ariarathe VIII. Son existence est mentionnée deux fois par Salluste [2]; il nous est encore connu par une dédicace délienne, qui doit dater de la période troublée de 74 à 72 où un certain parti, en Bithynie, à la faveur de l'invasion mithridatique, le reconnaissait pour roi légitime [3]. Dans cette dédicace, il s'intitule « le roi Nicomède, descendant du roi Nicomède Epiphane ». Pourquoi, au lieu d'affirmer que Nicomède Philopator est son père, le prince se donne-t-il simplement pour petit-fils d'Epiphane? Pour expliquer cette bizarrerie on

---

[1] Licinianus, p. 37 : *Nisam Ariarathis Cappadocum regis filiam accepit* (Nicomedes).

[2] Fr., IV, 20, 9 (Kritz), lettre de Mithridate à Arsace : *cum filius Nysae quam reginam appellaverat genitus haud dubie esset*. Et encore II, 6, 57 : *quos advorsum multi ex Bithynis volentes occurrere, falsum filium arguituri*.

[3] C. I. G. 2279, d'après Tournefort :

ΒΑΣΙΛΕΩΣ ΝΙΚΟΜΗΔ [ου
ΤΟΥ Ε(Κ)ΓΟΝΟΥ ΒΑΣΙΛΕΩΣ
ΝΙΚΟΜΗΔΟΥ ΕΠΙΦΑΝΟΥ (*sic*)
[Διοσ] ΚΟΥΡΙΔΗΣ ΔΙΟΣΚΟΥΡΙΔΟΥ
ΡΑΜΝΟΥΣΙΟΣ ΓΥΜΝΑΣΙΑΡΧ [ῶν].

peut supposer ; ou bien que le prétendant tenait surtout à rappeler aux Athéniens le souvenir de son aïeul, leur ami, ou bien qu'il se considérait comme issu des amours adultères de la reine Nysa et du bâtard Socrate, fils d'Epiphane.

Quoi qu'il en soit, notre Nicomède, regardé comme illégitime ou supposé (*falsum filium*, dit Salluste), fut expressément écarté du trône par le testament de son prétendu père, Nicomède III Philopator ; mais tout le monde à Rome n'approuva pas le testament de Philopator et la confiscation de la Bithynie. Jules César avait connu intimement, — trop intimement, disaient les mauvaises langues, — Philopator, alors que le préteur Thermus l'avait envoyé réclamer des secours à la cour de Bithynie, pendant le siège de Mitylène [1]. Il crut un jour devoir se faire auprès du Sénat l'avocat de Nysa, fille de son ami, ce qui lui attira une terrible épigramme de Cicéron. Aulu-Gelle cite encore de lui une *oratio pro Bithynis*, prononcée depuis son pontificat (63 av. J.-C.), sans qu'on puisse savoir au juste quels étaient ces clients bithyniens [2]. En tout cas, rien n'est plus naturel que de penser que César, après avoir été l'ami du père, l'avocat de la fille, le patron des sujets, ait songé, une fois devenu le maître, à faire quelque chose en faveur du fils.

Ce fils pouvait être gênant, car il avait des prétentions plus ou moins fondées sur trois royaumes : la Bithynie, la Cappadoce, peut-être même le Pont (sa grand'mère

---

[1] Suétone, *César*, 2. Cf. Plutarque, *Vie de César*, c. I., et Calvus, fr. 19 (ap. Suétone, *César*, 49), ainsi que les autres textes accablants cités dans ce passage.

Aulu-Gelle, V, 13.

maternelle, Laodice, était une princesse pontique).
J'imagine que César, pour se débarrasser de lui, lui
aura accordé le pontificat de Comana pontique avec le
titre royal pour lui-même, Prusias-sur-Mer pour sa
fille Oradaltis ; en retour de cette libéralité, il exigea
de lui qu'il échangeât son nom compromettant de
Nicomède pour le pseudonyme transparent de Lycomède. Ce n'est qu'une hypothèse, mais je crois qu'elle
est seule en état d'expliquer :

1° Le texte cité d'Hirtius ;

2° La leçon de certains manuscrits d'Appien : *Nicomède* pour *Lycomède*.

Nicomède-Lycomède jouit pendant quinze ans de
sa fortune. Lors de la guerre civile d'Antoine et
d'Octave, il paraît avoir embrassé le parti du premier :
en punition, il fut dépouillé de son sacerdoce de Comana
qu'Auguste conféra d'abord à un chef de bandits
phrygien, Cléon de Gordium, puis, après la brusque fin
de celui-ci, au Galate Dyteutus, fils d'Adiatorix[1]. Probablement à la même occasion, Oradaltis perdit sa principauté de Prusias, qui fut incorporée à la province
romaine de Bithynie : « Les Romains, dit Appien, ne
se donnaient plus la peine, alors, de chercher des
prétextes pour déposer les rois[2]. »

## § 6. *Carbon et Pansa*.

Les monnaies dont il me reste à parler sont des
bronzes datés, à légende grecque, frappés dans plusieurs villes de Bithynie au nom des proconsuls romains

[1] Strabon, XII, 8, 9 et 3, 35.
[2] Appien, *Mith.*, 121.

C. Papirius Carbon et C. Vibius Pansa. Je n'entreprendrai pas un catalogue de ces pièces, dont les types n'offrent guère d'intérêt ; toute leur importance est dans leurs dates, qui ont fort embarrassé les numismatistes anciens et modernes. Je donne d'abord la liste de ces dates, avec les lieux d'émission et les noms des monétaires :

| | |
|---|---|
| *Nicée* . . . | Carbon ΒΚΣ (222). |
| | — ΔΚΣ (224). |
| | Pansa ϹΛΣ (236) avec la tête de Jules César. |
| *Nicomédie*. | Carbon ΔΚΣ (224). |
| *Prusa*. . . | — ΔΚΣ (224). |
| *Bithynium*. | — ΔΚΣ (224). |
| *Apamée* . . | Pansa ϹΛΣ (236). |

Ces dates sont les seules que j'aie rencontrées, et probablement les seules qui existent. Les monnaies d'Amisus au nom de Carbon que j'ai vues ne sont pas datées ; il en est de même des monnaies de quelques autres proconsuls bithyniens (Cécilius Cornutus, Thorius Flaccus, etc.). Quant aux monnaies de Pansa avec les dates ΒΛΣ (232), ΓΛΣ (233), ΕΛΣ (235), ΖΛΣ (237), que donnent Mionnet et d'autres auteurs, elles sont toutes mal lues et portent, en réalité, la date unique ϹΛΣ (236) ; c'est M. Waddington qui a attiré mon attention sur ce fait capital.

Les anciens numismatistes, dont on peut voir les opinions chez Eckhel, s'étaient servis des monnaies de Carbon et de Pansa pour déterminer l'ère royale de Bithynie, qu'ils croyaient identique à celle de nos proconsuls. Ils obtenaient ainsi des *époques* variant entre 284 et 278 avant J.-C. Ces estimations étaient admissibles dans un temps où l'on ne connaissait qu'un petit nombre de tétradrachmes datés de Nicomède ; aujourd'hui, elles se passent de réfutation. En acceptant, en effet, l'époque la plus reculée, 284 avant J.-C., on voit que le dernier tétradrachme de Nicomède III, qui porte la date 224, se placerait en l'an 61/60 avant J.-C., c'est-à-dire treize ans après la mort de ce roi et la réduction de son royaume en province romaine !

Des auteurs plus récents ont commis une erreur contraire, mais non moins évidente, en assimilant, à l'inverse, l'ère proconsulaire à l'ère royale véritable, 297 avant J.-C., déterminée par la suite des tétradrachmes. Ce système, entre autres résultats absurdes, conduit à intercaler la monnaie de Carbon entre deux tétradrachmes royaux et à faire figurer la tête de Jules César sur une monnaie provinciale, en 62/1, c'est-à-dire à une époque où le futur dictateur n'était qu'un simple préteur à Rome !

Il est donc bien certain que l'ère des proconsuls bithyniens n'a rien de commun avec celle des anciens rois ; c'est d'ailleurs ce qu'on pouvait annoncer *à priori*, car dans aucune province annexée les Romains n'ont conservé une ère qui pût rappeler aux populations le régime monarchique déchu. Reste à déterminer exactement le point de départ de l'ère proconsulaire et le sens historique de cette ère.

Sur le premier point, je n'ai guère qu'à résumer un savant mémoire de Borghesi[1], qui paraît malheureuse-

---

[1] Borghesi, *Sull'era bitinica*, Œuvres, II, 345. Dans ce mémoire, Borghesi n'a commis que deux erreurs : 1° il admet des monnaies de Pansa avec

ment être resté inconnu de la plupart des numismatistes contemporains. Voici le raisonnement du savant italien : Pansa, fils d'un proscrit de Sylla, n'a pu exercer de magistrature curule avant l'abrogation de la loi cornélienne qui frappait les proscrits et leurs fils d'une incapacité spéciale ; or, cette loi ne fut abrogée que par Jules César en l'an 705 de Rome (49 av. J.-C.)[1]. D'autre part, Pansa fut consul en 711/43 et mourut, comme on sait, pendant son consulat ; son gouvernement de Bithynie se place donc forcément entre ces deux dates. Mais on peut, grâce aux lettres de Cicéron, atteindre une approximation bien plus grande. En effet, en 708, Pansa est à Rome[2] ; en 709, il gouverne la Gaule cisalpine, province plus importante que celle de Bithynie[3] ; en 710, César est assassiné ; donc sa tête ne peut plus figurer sur une monnaie[4]. Il ne reste donc absolument de disponible que l'année 707 (47 av. J.-C.), et précisément Cicéron atteste que Pansa se trouvait alors en Asie[5]. Il avait été tribun en 703[6] ; probablement César le fit nommer préteur aussitôt après son entrée à Rome, en

les dates 235 et 237, ce qui laisse quelque incertitude dans la détermination de l'époque ; 2° il croit que l'ère de 283 est une « ère nationale bithynienne » que les Romains substituèrent à l'ère « pontique » de 297 ; or, on a vu que l'ère de 297 est, au contraire, d'origine bithynienne. M. Mommsen (*Die bithynischen Aeren*, Z. N. XI, 158) n'a rien ajouté d'essentiel au travail de Borghesi ; il croit aux monnaies de l'an ΕΑΣ et à l'ère de 281, qu'il rapproche de la mort de Lysimaque.

[1] Dion, XLI, 18 ; XLV, 17.
[2] Cicéron, *ad fam.*, VI, 12, 2.
[3] Cicéron, *ad fam.*, XV, 17, 3 et *ad Att.*, XII, 27, 3.
[4] La monnaie de Pansa avec la tête de César est à la Bibliothèque nationale et dans la collection Waddington. Cf. Mionnet, n° 210 et *suppl.*, n° 404.
[5] Cicéron, *ad Att.*, XI, 14, 3.
[6] Cicéron, *ad fam.*, VIII, 8, 6.

705, et l'envoya en Bithynie après la bataille de Pharsale (9 août 706). Il y resta d'automne 706 à automne 707 [1]. Concluons que la date 236, qui figure sur ses monnaies, correspond à 706/7 de Rome ; donc l'époque de l'ère est l'automne 471 de Rome = 283 avant J.-C. Les monnaies de Carbon, sans être aussi décisives, confirment pleinement ce résultat. Nous savons, en effet, par Dion, que ce Carbon fit condamner pour concussion, en 67 avant J.-C., le premier proconsul de Bithynie, Cotta (73-68 av. J.-C.). Plus tard, dit l'historien, Carbon, ayant été lui-même gouverneur de Bithynie, fut à son tour accusé par le fils de Cotta, et condamné. En admettant l'ère d'automne 283, les dates 222 et 224 de Carbon correspondent à 62-61 et 60-59 avant J.-C., dates compatibles avec le récit de Dion [2].

Maintenant, à quel événement se rapportait cette ère de 283 avant J.-C. ?

C'est dans l'histoire de Bithynie, évidemment, qu'il faut en chercher l'explication. On vient de voir que l'ère royale n'a rien à faire ici, et qu'au contraire les Romains devaient tâcher d'en effacer toute trace ; notre ère ne peut être qu'une ère municipale, locale, étendue à toute la province ; précisément, on sait que Rome s'efforça de développer le régime municipal en Bithynie et dans le Pont pour faire contre-poids aux

---

[1] En 708, la Bithynie a pour gouverneur P. Furius Crassipès (Cic., *ad fam.*, XIII, 9) ; en 709-10, très probablement Q. Marcius Crispus. (Dion, XLVII, 27 ; Cic., *Philipp.*, XI, 12, 30 ; Vell., Pat., II, 69.)

[2] Dion, XXXVI, 23. De 66 à 61, la Bithynie fit partie du gouvernement de Pompée, en vertu de la loi Manilia ; les successeurs de Pompée ne furent désignés qu'au commencement de 61. (Cic., *ad Att.*, I, 13, 27.) Nous connaissons deux des successeurs de Carbon : C. Memmius en 57 (Catulle, c. 28) et C. Cécilius Cornutus en 56. (Cic., *Or. post reditum*, c. 9.)

souvenirs très vivaces de la monarchie nationale. Ceci admis, on n'a guère le choix, pour cette ère locale, qu'entre trois villes, Nicomédie, Nicée et Prusa, les seules qui pussent prétendre au rang de capitale. Encore Prusa doit-elle être écartée immédiatement, car on ne voit pas que sous le régime romain cette ville ait jamais aspiré à la primauté ; d'ailleurs, fondée par Annibal au commencement du IIe siècle, elle ne pouvait avoir une ère qui remontât à 283. Restent Nicomédie et Nicée, dont on connaît la rivalité ardente et séculaire, à laquelle Dion Chrysostome a consacré tout un discours[1]. Au temps des rois, Nicomédie, fondation du premier Nicomède, tenait certainement la corde, mais c'était là précisément une raison pour les Romains de ne pas la favoriser ; les habitants étaient royalistes dans l'âme ; en 85, ils eurent maille à partir avec Fimbia, et, en 72, la ville reste jusqu'à la dernière heure le quartier général de Mithridate. Au surplus, nous savons par Eusèbe que Nicomédie fut fondée en 264 avant J.-C. ; l'ère de 283 lui est donc étrangère[2].

On se trouve ainsi ramené, par ces éliminations successives, à la seule ville de Nicée. Ici, tout s'accorde à merveille. Cette ville fut fondée, ou plus exactement rebaptisée par Lysimaque[3], qui mourut en 281 ; elle peut donc fort bien avoir une ère datant de

---

[1] Dion Chrysostome, *Or.*, 38.
[2] Eusèbe, *ad Ol.*, 129, 3.
[3] Nicée est une ville neuve. Sur l'emplacement de l'antique Ancore, Antigone fonda Antigonée ; elle dut tomber aux mains de Lysimaque après la bataille d'Ipsus (301), mais il n'eut peut-être le temps de s'en occuper que plus tard. Il lui donna le nom de sa première femme Nicée, fille d'Antipater et veuve de Perdiccas. (Diodore, XVIII, 23; Strabon, XII, 4, 7.)

283. En 72, elle ouvrit ses portes aux Romains sans résistance [1]. A l'époque de Tibère, Strabon l'appelle encore la *métropole de la Bithynie* [2], et c'est ainsi qu'elle s'intitule sur une monnaie proconsulaire contemporaine [3]. On remarque, d'ailleurs, que la plupart de nos monnaies datées proviennent de Nicée, et que la première de ces monnaies, — celle de Carbon, avec l'an 222, — est une monnaie nicéenne. Tant de preuves accumulées me paraissent devoir entraîner la conviction. L'ère proconsulaire de Bithynie est l'ère locale de Nicée, étendue à toute la province en récompense de l'attitude de cette ville au lendemain de la conquête ; le créateur de cette ère proconsulaire fut Carbon ; après lui, elle fut encore employée par Pansa, qui renonça cependant à l'imposer à Nicomédie. Elle fut ensuite abandonnée, sans doute à cause de l'hostilité qu'elle rencontrait dans cette dernière ville. Nicomédie, d'ailleurs, se réconcilia rapidement avec le nouveau régime et redevint, sous Trajan, la métropole de la Bithynie, en attendant que Dioclétien l'élevât, pour quelque temps, au rang de capitale de l'Empire.

[1] Memnon, c. 41.
[2] Νίκαια, ἡ μητρόπολις τῆς Βιθυνίας. (Strabon, *loc. cit.*)
[3] C'est la monnaie au nom de... διος Ροῦφος ἀνθύπατος. Le nom de la ville est indiqué par un monogramme bien connu, et au revers on lit : Πρώτη πόλις τῆς ἐπαρχείας.

# APPENDICE

## Tableau généalogique des rois de Bithynie

```
Dydalsos
environ 435-400
    |
Boteiras
environ 400-360
    |
Bas
environ 360-326
    |
Zipoetès Iᵉʳ
dynaste en 326, 1ᵉʳ Roi en 297, † 278 av. J.-C.
    |
    ├─────────────────────────┬──────────────┬──────┐
Nicomède Iᵉʳ              Zipoetès (II)   Fils   Fils
(env. 278-250)
ép. 1° Ditizélé (Consingis); 2° Etazéta
    |
    ├──────────────────────┬─────────────────────┐
Ziaëlas  Lysandra (?)  Zipoetès (III)  Autres enfants
(250-228)
    |
Prusias Iᵉʳ le Boiteux
(228-180)
ép. Apamé (sœur de Philippe V?)
    |
Prusias II le Chasseur
(180-149)
ép. 1° Sœur de Persée; 2° Fille (?) de Diégylis (Ditizélé II?)
    |
    ┌──────────────────────────┬───────────────────────┐
Nicomède II Épiphane Évergète   Prusias (III) Monodous   Fille (Lysandra?) Ziaëlas (II) (?)
(149-95)                                                  ép. Antiochus Hiérax
ép. 1° Nysa; 2° X.... (concubine); 3° Laodice, veuve d'Ariarathe Épiphane.
    |
    ┌────────────────────────────┬──────────────┐
Nicomède III Épiphane      Socrate Chrestos (Nicomède IV Épiphane)
Philopator (Pylémène)              (92-90)
(95-74)
ép. 1° Lysandra (?); 2° Nysa II, fille d'Ariarathe Épiphane.
    |
Nysa III      Nicomède (V) = Lycomède, grand prêtre de Comana (47-31)
              Orodaltis, princesse de Prusias-sur-Mer.
```

Paris. — Imprimerie G. Rougier et Cie, rue Cassette, 1.

# ESSAI SUR LA NUMISMATIQUE

DES

# ROIS DE PONT

(DYNASTIE DES MITHRIDATE)

INTRODUCTION

Cent trente-cinq ans séparent la bataille de Magnésie, qui chassa les Séleucides de l'Asie mineure (190), de la bataille de Nicopolis (66) qui, en achevant la ruine de Mithridate, rangea définitivement toute la péninsule sous l'obéissance de Rome. Or, dans cet intervalle, chacun des quatre petits royaumes que la politique romaine avait laissé subsister en Asie mineure exerça successivement la suprématie pendant une génération : d'abord Pergame, sous Eumène II et son frère Attale II, puis la Cappadoce sous Ariarathe V Philopator, la Bithynie sous Nicomède II Epiphane, enfin le Pont sous Mithridate Eupator. Dans la série d'études que j'ai entreprise sur la numismatique royale de l'Asie mineure, j'ai suivi cet ordre des primautés. J'ai laissé en dehors de mon programme le royaume de Pergame, sur lequel il n'y a rien à dire, après la monographie de M. Imhoof Blumer [1] ; j'ai traité successivement de la Cappadoce et de la Bithynie [2] ; je termine maintenant par le Pont. Toutefois, en ce qui concerne ce royaume, je me bornerai pour l'instant à la seule dynastie des Mithridate, la numismatique des Polémon ayant été déjà étudiée par M. de Sallet [3], dont le travail a été rectifié sur certains points par M. Waddington [4] et les auteurs russes. Peut-être d'ailleurs aurai-je l'occasion de revenir un jour sur ce sujet, qui ne peut être séparé de la numismatique du Bosphore Cimmérien.

L'histoire et la numismatique des Mithridate ont été jusqu'à présent assez négligées. La plus ancienne compilation, celle de Vaillant [5], est remplie d'erreurs qui ont passé, en partie du moins, dans les ouvrages d'ensemble, comme ceux d'Eckhel, de Mionnet, de Visconti et de Charles Lenormant. La publication de Kœhne sur le *Musée Kotschoubey* [6], malgré le luxe du commentaire historique et de l'illustration, n'est guère plus satisfaisante ; j'en dirai autant de la monographie de Vulpert sur les

---

[1] Imhoof, *Die Münzen der Dynastie von Pergamon*, Berlin, 1884.
[2] *Revue numismatique*, 1886 et 1887.
[3] A. von Sallet, *Beiträge zur Geschichte und Numismatik der Könige des Bosporus und des Pontus*, Berlin, 1866.
[4] Waddington, *Mélanges de numismatique*, 2ᵉ série, p. 109 suiv., Paris, 1867.
[5] Foy-Vaillant, *Achaemenidarum imperium* (p. 1-186). Paris, 1725, in-4° et 1728, in-8°.
[6] Koehne, *Description du Musée Kotschoubey*, Pétersbourg, 1857, 2 vol. in-f°.

rois du Pont avant Mithridate Eupator[1]. L'appendice que Clinton[2] a consacré à cette dynastie est, au contraire, une soigneuse et utile réunion de textes, ordinairement bien interprétés, mais il faut venir jusqu'à l'*Histoire du Pont* de M. Edouard Meyer[3] pour trouver enfin une critique sévère des données traditionnelles sur les origines du royaume de Pont et un récit quelque peu détaillé des annales de ce royaume[4].

Toutefois l'ouvrage de M. Meyer n'est exempt ni d'erreurs ni de lacunes; sur plusieurs points, il marque même un recul sur Clinton, et l'auteur n'a pas su ou pu tirer un parti suffisant des données fournies par les médailles. Depuis quelque temps les documents de ce genre se sont singulièrement multipliés. Il y a vingt ans déjà, M. Waddington a commenté avec sa sagacité habituelle les résultats de l'importante trouvaille d'Amasia[5]; plus tard, il a pu acquérir d'autres pièces inédites du Pont et constituer une série de tétradrachmes datés de Mithridate Eupator, qui rivalise de richesse avec celles des collections publiques les mieux fournies. Grâce à l'extrême obligeance de ce savant, que les intérêts de l'État détournent depuis si longtemps de ceux de la science, mais qui ne refuse pas ses encoura-

---

[1] Vulpert, *De regno Pontico... usque Mithridatem VI*, Münster, 1853.

[2] Clinton, *Fasti hellenici* (2ᵉ éd., 1851), tom. III, p. 431 et suiv.

[3] Ed. Meyer, *Geschichte des Königreichs Pontos*, Leipzig, 1879.

[4] Elles avaient été racontées dans l'antiquité par deux auteurs mentionnés chez Syncelle (p. 523, 5): Denys et Apollodore, qui sont, d'ailleurs, complètement inconnus.

[5] *Mélanges de numismatique*, 2ᵉ série, p. 1 et suiv.

gements aux plus modestes travailleurs, j'ai pu prendre connaissance de tous ces trésors ; ils m'ont permis de modifier sur plusieurs points et de compléter sur beaucoup d'autres les recherches des numismatistes antérieurs : que M. Waddington en reçoive ici tous mes remerciements.

Je dois aussi renouveler l'expression de ma reconnaissance envers plusieurs savants étrangers, MM. de Sallet, Waldstein, Oreschnikov, Giel, et autres, qui ont singulièrement facilité ma tâche en me communiquant des empreintes de médailles nombreuses confiées à leur garde ou en leur possession.

J'ai pu étudier sur pièces, outre le cabinet de M. Waddington, les collections publiques de Paris et de Londres, les cabinets de MM. Rollin et Feuardent et du regretté Lucien de Hirsch. Je n'ai pas besoin de dire que j'ai dépouillé consciencieusement la plupart des publications anciennes, mais l'expérience m'a appris à me défier de toutes les médailles que l'on ne connaît que par des descriptions antérieures au milieu de ce siècle. Ma conviction est que la numismatique a infiniment plus souffert de publications hâtives et négligentes que de l'absence de toute publication : l'une ne fait qu'ajourner le progrès, les autres égarent les savants sur de fausses pistes qu'ils ont parfois beaucoup de peine à abandonner ensuite.

La partie proprement *numismatique* de ce travail a reçu tous les développements nécessaires ; j'ai aussi abordé de front les questions de chronologie et de généalogie dont la solution est indispensable pour le classement définitif d'une série monétaire. Quant à l'*histoire* proprement dite des rois du Pont, je n'avais pas à m'en occuper ; elle trouvera place d'ailleurs dans un ouvrage sur *Mithridate Eupator* auquel je mets actuellement la dernière main. A certains égards le présent mémoire fournit les pièces justificatives des premiers chapitres de ce travail synthétique, d'où les discussions minutieuses de dates et de filiation ont dû être exclues pour n'en pas grossir démesurément le volume.

§ 1.

*Avant Mithridate Ctistès.*

Je ne reviendrai pas sur la démonstration, que j'ai donnée ailleurs [1], de la non-existence d'un royaume de Pont sous les Perses. La notion même du Pont, considéré comme une division géographique, n'existait pas à cette époque. Il y avait une satrapie de Cappadoce qui comprenait la moitié du futur royaume des Ariarathe et la plus grande partie du futur royaume des Mithridate. Le reste comptait dans le royaume vassal de Paphlagonie, dans la XIXe satrapie (peuplades du Paryadrès), dans la satrapie arménienne, ou appartenait aux républiques grecques de la côte. Plusieurs de celles-ci, notamment Cromna, Sinope, Amisus (Pirée) et Trébizonde, ont frappé des monnaies dont je n'ai pas à m'occuper ici ; quant aux satrapes cappadociens, ils n'ont pas, en général, monnayé en leur propre nom. La monnaie

---

[1] *Rois de Cappadoce*, p. 10.

officielle en circulation était la monnaie royale (dariques d'or, sigles médiques). Cependant, au milieu du IV⁰ siècle, quand les satrapes se rendirent maîtres des villes grecques de la côte de l'Euxin, ils firent figurer leurs noms ou ceux de sous-préfets (tyrans), délégués par eux, sur les monnaies municipales, dont ils conservèrent d'ailleurs les types et les poids. A cette classe de médailles appartiennent : 1° un didrachme (sigle) unique d'Amisus avec une légende araméenne incertaine [1]; 2° de nombreuses drachmes de Sinope, les premières au nom de Datame (en grec), les autres avec des légendes araméennes qui n'ont pas encore été déchiffrées avec certitude. Les dernières de ces drachmes portent le nom d'*Ariarathe*, personnage bien connu, qui se rendit maître de toute la Cappadoce du Nord entre la mort de Darius et celle d'Alexandre ; sa résidence était Gaziura, sur l'Iris, où il frappa également des drachmes dont j'ai déjà parlé [2].

Dans tout cela il n'est pas question des Mithridate ; car je me refuse jusqu'à nouvel ordre à voir un ancêtre des futurs rois du Pont dans le Mithridate qui était satrape de Cappadoce et de Lycaonie au moment du passage des dix mille [3] : le nom, qui

---

[1] Voici la description de cette monnaie : ארה (?) Ibex bondissant à g. ℞. Chouette aux ailes déployées, dans un carré creux. Ar. 4. 10 gr. 62. *British Museum* (Taylor Combe, pl. XIII, 14. Cf. Six, *Num. Chronicle*, 1885, p. 31). Le type de la chouette prouve à l'évidence que cette pièce est postérieure à la colonisation athénienne d'Amisus (au temps de Périclès).

[2] Sur ces monnaies voir Six, *Sinope*, dans *Num. Chron.*, 1885, et mes *Rois de Cappadoce*, p. 8 suiv.

[3] Xén. *Anabase*, VII, 8, 25. Ce paragraphe est peut-être de Sophénète.

équivaut au grec Apollodore, était, en effet, extrêmement commun chez les Perses. Cependant, la famille des Mithridate existait déjà et jouait même un rôle très en vue au IV° siècle, mais dans une tout autre province de l'empire. Il est question chez Diodore de trois personnages qui se succèdent de père en fils, depuis 425 environ jusqu'à 337, dans une principauté dont il ne donne pas l'indication exacte : Mithridate I$^{er}$, Ariobarzane, et Mithridate II[1]. Ces trois personnages, qui descendaient d'un des sept meurtriers du mage [2], sont d'ailleurs bien connus par d'autres sources. Le premier fut l'ami du Platonicien Cléarque, avec le concours duquel il chercha à s'emparer d'Héraclée. Le second fut satrape de Phrygie et se révolta contre le grand roi, de concert avec les Athéniens. Le troisième débuta par le meurtre de Datame, livra son propre père au grand roi, se rallia aux Macédoniens après la conquête d'Alexandre, quitta Eumène pour Antigone et se disposait à trahir celui-ci pour Cassandre, lorsqu'Antigone, averti, le fit périr. C'est à cette occasion que Diodore nous indique enfin la situation de la principauté que cette famille d'intrigants possédait en qualité de fief héréditaire [3] : elle comprenait le port de Cios sur la Propontide et la ville mysienne de

---

[1] Diodore, XV, 90; XVI, 90; XX, 111.
[2] Polybe, V, 43, 2 ; Diodore, XIX, 40; Florus, III, 5, 1 ; *De vir. ill.* c. 76. Probablement du père d'Orontobate (Ctésias fr. 29, 13, Didot) car Mithridate I$^{er}$ est fils d'Orontobate (Diog. Laërce, III, 20; correction évidente de Meyer pour ὁ Ῥοδοβάτου. Sur le nom Orontobate cf. L. de Hirsch, *Rev. num.* 1887, p. 89 et suiv.)
[3] Diod., XX, 111. Lire καὶ Καρίνης (Dindorf) et non καὶ Ἀρρίνης.

Cariné. Les petits apanages de ce genre, constitués au profit de nobles perses ou d'émigrés hellènes, n'étaient pas rares à notre époque sur la côte de la mer Égée et de l'Hellespont. En numismatique ils se trahissent presque toujours par la présence de la *mitre* perse sur les types de monnaies locales. On peut la signaler à Teuthrania, à Amastris, etc.; Cios ne fait pas exception à la règle. On connaît, en effet, deux monnaies de bronze de cette ville qui appartiennent probablement au IV° siècle.

1° Jeune tête coiffée de la mitre perse.
℞. KIANΩN. Massue (et parfois arc dans son étui). Æ. 4 (pl. X, fig. 1).

2° Même droit. ℞. KIA. Cantharus, grappe de raisins et épis de blé. Æ. 3.

La massue sur la première de ces monnaies est un souvenir d'Hercule, fondateur légendaire de la ville de Cios.

§ 2.

*Depuis Mithridate Ctistès jusqu'à Mithridate Eupator*
(281-121 avant J.-C.)

Le dernier dynaste perse de Cios, Mithridate, fils d'Ariobarzane, mis à mort par Antigone à la veille de la campagne d'Ipsus (302 avant J.-C.), laissait un fils également appelé Mithridate, dont Antigone aurait aussi voulu se défaire. Sauvé par l'amitié de Démétrius Poliorcète, ce jeune homme se réfugia en Paphlagonie [1], fortifia une bourgade perdue dans les

---

[1] Diodore, XX, 111; Appien, *Mith.*, 9. Plutarque (*Démétrius*, c. 4) confond Mithridate, le père, et son fils; cette confusion a exercé une malheureuse influence sur les historiens modernes.

gorges de l'Olgassys, Cimiata [1], et souleva les populations voisines. Il devint ainsi le fondateur d'un État nouveau qui s'étendit sur les deux rives de l'Halys, moitié en Paphlagonie, moitié en Cappadoce. Comme la Paphlagonie intérieure fut bientôt perdue, cet État prit le nom de *Cappadoce pontique*, qui resta, jusqu'à la fin, son titre officiel ; sous Mithridate Eupator, on l'appelait vulgairement royaume de Pont et le nom est resté dans l'usage [2]. Au midi il touchait au royaume de haute Cappadoce ou de Cappadoce propre, fondé la même année que celui de Pont par Ariarathe, fils du satrape de Gaziura.

Mithridate « le fondateur » (Κτίστης) paraît avoir pris le titre royal entre la mort de Lysimaque (juillet 281) et celle de Séleucus (janvier 280), comme l'avait fait, seize années auparavant, son voisin, le dynaste de Bithynie, Zipœtès. Mithridate est appelé roi par Diodore, Memnon et Lucien [3] ; en outre, le chronographe Syncelle [4] assigne au royaume de Pont une durée de 218 ans : en prenant pour *terminus ad quem* la mort de Mithridate Eupator (63 av. J.-C.) on est ramené pour l'origine à l'année 281 ou 280. Mithridate survécut quinze ans à son usurpation ; il mourut en 266 av. J.-C. [5] à l'âge de 84 ans [6].

---

[1] Strabon, XII, 3, 41.
[2] Je crois avec M. Niese (*Rheinisches Museum*, 1887, XLII, 572 suiv.) que le nom de Pont fut d'abord appliqué à l'*empire* de Mithridate Eupator, qui comprenait, en effet, tout le périmètre de l'Euxin ; il fut ensuite restreint au *royaume* (la Cappadoce pontique) qui formait le noyau de cet empire.
[3] Diodore, *loc. cit.* Memnon, c. 11 ; Lucien, *Macrob.* 13.
[4] Syncelle, p. 523, 5 et 593, 7.
[5] Diodore, *loc. cit.*
[6] Lucien, *loc. cit.* d'après Hiéronyme. On a soupçonné ici aussi

En numismatique, Mithridate Ctistès est représenté, à mon avis, par le statère d'or unique de la collection Waddington, dont voici la description :

Tête casquée de Pallas à droite. ℟. ΜΙΘΡΑΔΑΤΟΥ | ΒΑΣΙΛΕΩΣ sur deux lignes verticales séparées par le type. Niké debout à gauche, tenant une palme dans la main droite. En bas, à gauche, la lettre Σ au dessus du monogramme n° 1 (composé de ΜΕ) ; à droite ΚΟ au-dessus de ΓΑ.

Au. 5. Troué. (Trouvé à Ordou, l'ancienne Cotyora.) [Pl. X, fig. 2.]

Les types de cette pièce sont exactement ceux des statères d'Alexandre-le-Grand. Or, si les types des tétradrachmes d'Alexandre ont été imités pendant très longtemps après sa mort, il n'en est pas de même de ceux de ses statères ; en outre, la fidélité absolue de la reproduction et l'ordre des mots de la légende indiquent une époque voisine de la mort du conquérant. Les statères d'Alexandre ont, pour la plupart, la simple légende ΑΛΕΞΑΝΔΡΟΥ ; sur les dernières émissions de ce prince et sur les premiers statères de Séleucus Nicator et d'Antiochus Soter, on trouve les légendes ΑΛΕΞΑΝΔΡΟΥ ΒΑΣΙΛΕΩΣ, ΣΕΛΕΥΚΟΥ, ΑΝΤΙΟΧΟΥ Β. Plus tard, l'ordre inverse (ΒΑΣΙΛΕΩΣ Χ...) prévalut universellement et, au moins sur les statères d'or, l'autre ne reparut plus jamais. Le fait que notre statère présente la disposition archaïque ΜΙΘΡΑΔΑΤΟΥ ΒΑΣΙΛΕΩΣ suffit donc

une confusion entre le père et le fils. Mais comme Hiéronyme avait raconté la mort de Pyrrhus (272), il peut à la rigueur avoir poursuivi son récit jusqu'à celle du Ctistès (266).

pour l'attribuer à un contemporain de Séleucus I$^{er}$. Le seul autre Mithridate *sans surnom* auquel on puisse songer, Mithridate II, petit-fils du Ctistès, suit déjà sur ses tétradrachmes l'ordre nouveau ΒΑΣΙΛΕΩΣ ΜΙΘΡΑΔΑΤΟΥ; il fait d'ailleurs figurer son portrait au droit de ses pièces, dont le revers seul est encore copié sur celles d'Alexandre. Ajoutons qu'à l'époque de ce second Mithridate, contemporain d'Antiochus-le-Grand, le roi du Pont, vassal des Séleucides, ne se serait guère permis de frapper des pièces d'or, symbole de l'indépendance absolue; un pareil acte d'audace convient bien mieux à l'époque anarchique où vécut Mithridate Ctistès.

Resterait à expliquer les lettres et les monogrammes de notre statère; mais ici je me récuse. Tout au plus peut-on supposer que les lettres ΓΑ (qu'on retrouvera sur un tétradrachme de Mithridate II) indiquent l'atelier de Gaziura, où paraît avoir été à cette époque la résidence des Mithridate [1].

Mithridate Ctistès eut pour successeur son fils *Ariobarzane*, qu'il s'était associé déjà pendant les dernières années [2]. Le règne de ce second roi du Pont paraît avoir été court et troublé; il n'a pas laissé de monuments numismatiques.

Memnon [3] raconte la mort d'Ariobarzane immédiatement après l'avènement de Ziaélas, roi de Bithynie, et la guerre d'Antiochus II contre Byzance;

---

[1] Strabon, XII, 3, 15, appelle cette ville une ancienne résidence royale, abandonnée de son temps.
[2] Cela résulte de Memnon, c. 16 (année 279) et du fragment d'Apollonius conservé par Etienne de Byzance, *s. v.* Ἄγκυρα.
[3] Memnon, c. 24.

comme ce dernier roi est monté sur le trône en 261 et mort en 246 av. J.-C., on ne se trompera guère en plaçant la mort d'Ariobarzane en 250. Il laissait le trône à un fils en bas âge (παῖς, dit Memnon), Mithridate II, né probablement vers 260. Cette date concorde avec les autres événements connus du règne de Mithridate II : en 241 il figure à la bataille d'Ancyre[1]; il se marie peu après avec la sœur cadette de Séleucus Callinicus[2], et en 222 il a déjà deux filles nubiles, appelées toutes deux Laodice, qui épousèrent l'une son cousin germain Antiochus III le Grand, l'autre Achéus, le dynaste d'Asie-Mineure[3], cousin d'Antiochus. Le tableau généalogique n° 1 indique le degré de parenté entre les princes.

Mithridate II est mentionné pour la dernière fois par Polybe en 220[4], mais il y a lieu de croire que son règne se prolongea fort au delà de cette date et qu'il eut pour successeur, vers 190 seulement, Pharnace, qui règne déjà en 183. En effet, le roi Mithridate, dont nous avons des tétradrachmes, est le prédécesseur *immédiat* de Pharnace, comme le prouvent les pièces à fleur de coin de ces deux princes trouvées dans le même trésor à Amasie, et l'identité des monogrammes ; or le Mithridate de ces pièces est un vieillard ridé, ce qui convient parfaitement à notre Mithridate II, né vers 260. Dans l'intervalle entre 220 et 183 on trouve nommés, il est vrai, deux Mithri-

---

[1] Eusèbe, éd. Schœne, I, 251.
[2] Eusèbe, *loc. cit.* et Justin, XXXV, 2.
[3] Polybe, V, 43 et 74; VIII, 22.
[4] Polybe, IV, 56 (Siège de Sinope).

date : l'un, vers l'an 202 [1] ; l'autre, vers l'an 200 [2]. Mais le second, qui est mentionné en rapport avec les Lyciens, ne peut être que le fils d'Antiochus le Grand (appelé Mithridate en l'honneur de son grand-père maternel) qui, d'après Tite-Live, fut précisément chargé par son père, en cette année, de conquérir la Cilicie, la Lycie et la Carie [3]. Quant à l'autre, la définition même de Polybe prouve qu'il n'appartenait pas à la famille de Pont : c'était, dit l'historien, un fils de la sœur d'Antiochus le Grand. Peut-être Séleucus Callinicus, au moment où il mariait ses sœurs aux rois de Pont et de Cappadoce, avait-il donné sa fille, pour un motif politique semblable, à un dynaste demi indépendant de la Petite-Arménie [4] ; le fils, né de cette alliance, serait le personnage nommé par Polybe et l'on comprend ses prétentions sur la ville d'Arsamosata, située entre le Tigre et l'Euphrate, dans le pays plus tard appelé Sophène. Il est peut-être identique au satrape de Petite-Arménie, Mithridate, qui figure trente ans plus tard comme allié de Pharnace [5].

Voici la description des tétradrachmes de Mithridate II, qui appartiennent tous aux dernières années de son règne :

[1] Polybe, fr. VIII, 25 (Didot).
[2] Agatharchidas, fr. 14 (F. H. G. III, 194 b).
[3] Tite-Live, XXXIII, 19.
[4] Strabon atteste que la Petite Arménie eut toujours des dynastes autonomes (XII, 3, 28). Deux des dynastes arméniens mentionnés au IIIe siècle, Ardoatès (Artavasde) qui restaure Ariarathe II (Diodore, XXXI, 19) et celui chez lequel se réfugie Ziaélas (Memnon, c. 24), appartiennent sans doute à la Petite Arménie.
[5] Polybe, XXVI, 6.

Tête du roi diadémée à droite. Il est ridé et barbu. Bout de vêtement à la naissance du cou.

℞. ΒΑΣΙΛΕΩΣ|ΜΙΘΡΑΔΑΤΟΥ sur deux lignes verticales séparées par le type. Zeus aétophore à gauche assis sur son trône. Sous le bras droit tendu, astre et croissant. Dans le champ, monogrammes divers.

AR 8. Poids moyen : 17 gr. 10. (Pl. X, fig. 3.)

*Variétés.*

Monogramme 1 (composé de KAI) — Paris (2 exemplaires). Pétersbourg[1].
— 2 (ΓΑ). — Berlin.
— 3 (ME) entre les pieds du trône, 4 (AP) et la lettre A à droite de la lance. — Berlin.
— 3, 4 et la lettre B. — Catalogue Bompois, n° 1304. = Waddington, *Mélanges*, II, 1, fig. 1. Trouvaille d'Amasia. Actuellement à Moscou.
— 3, 4 et 5 (ΛΕ ou ΑΕ?). — Berlin.
— 3, 6 (ΑΣ) et la lettre A. — Collection Hirsch.
— 3 et 7 (ΑΖ). — Londres.

Mionnet donne encore (*Supp.* n° 7) d'après Sestini (*Lett. num.*, VI, 36), un exemplaire avec KAI, M et KΘ qui me paraît suspect ou mal décrit.

Le style et la fabrique de ces pièces rappellent tout à fait les tétradrachmes d'Ariarathe III de Cappadoce, contemporain de notre Mithridate. Le revers est encore copié sur les tétradrachmes d'Alexandre,

---

[1] Il existe un coin faux de cette pièce par Becker.

mais le droit est un portrait, et un portrait assez réaliste. Le symbole accessoire du revers (astre et croissant) figurera désormais sur toutes les monnaies de la dynastie, à travers tous les changements du type principal, qui varie à chaque règne. Ce symbole, assez répandu dans l'antiquité comme dans l'art oriental moderne, a été diversement interprété. On y a vu tantôt, avec les alchimistes grecs, la conjonction de Vénus avec la lune, tantôt, d'après les égyptologues, une double représentation de la lune, vue dans son plein et à son premier quartier. L'explication la plus probable est celle qui voit dans notre emblème l'association du Soleil et de la Lune, astres qui, d'après Hérodote [1], jouaient un grand rôle dans la religion populaire des Perses. Les Mithridate, qui professaient la religion iranienne, trouvèrent d'ailleurs le culte de ces astres déjà répandu en Cappadoce : Strabon mentionne un Apollon Cataonien, c'est-à-dire un dieu solaire, et un *Mèn* (c'est-à-dire *Lunus*), adoré près de Cabira ; quelques-uns même assimilaient à Séléné la grande déesse de Comana, *Mâ* [2]. De bonne heure, l'Apollon indigène dut être confondu avec l'Apollon Perse (Mithras) et la Séléné avec Anaïtis. On comprend dès lors l'adoption par les Mithridate de ces armes doublement nationales. Si je ne craignais pas de tomber dans la subtilité, je rappellerais aussi un passage d'Hérodote où les Mages disent à Xerxès que le Soleil est le dieu des Grecs et la Lune la déesse des Perses [3] : on pourrait alors

---

[1] Hérodote, I, 131.
[2] Strabon, XII, 2, 5; XII, 3, 31. Plutarque, *Sylla*, 9.
[3] Hérodote, VII, 37.

voir dans l'emblème des Mithridate une allégorie vraiment heureuse de cette alliance de l'héllénisme et du persisme, qui fut le trait caractéristique de notre dynastie.

Le successeur de Mithridate II, Pharnace, est mentionné pour la première fois en 183 av. J.-C.,[1] pour la dernière fois pendant l'hiver 170-69[2]. Il peut être monté sur le trône quelque temps avant la première de ces dates, mais la seconde paraît bien marquer l'année de sa mort, car Polybe, dans le fragment en question, porte sur lui un jugement moral qui est dans le ton ordinaire de ses notices nécrologiques[3]. Au reste, en 156, le Pont a déjà pour roi un Mithridate[4].

Pharnace a laissé des pièces d'argent, tétradrachmes et drachmes attiques, qui ont les unes et les autres les types suivants[5] :

Tête du roi diadémée à droite. Sur les premiers exemplaires il porte de légers favoris; sur les derniers (pièces au foudre), il est imberbe.

℞. ΒΑΣΙΛΕΩΣ|ΦΑΡΝΑΚΟΥ sur deux lignes verticales séparées par le type. Personnage mâle, debout, vu de face. Il est vêtu d'une tunique, d'un manteau et de jambières, et coiffé d'une sorte de mitre qui tombe à gauche. Sous le bras gauche, il porte un caducée et une corne d'abondance; de la main droite,

---

[1] Polybe, XXIV, 10.
[2] Polybe, fr., XXVII, 15.
[3] Cf., le jugement analogue sur Prusias II, fr. XXXVII, 2.
[4] Polybe, XXXIII, 10.
[5] Les doubles statères d'or de Pharnace qu'on trouve dans certains cabinets, sont moulés sur le tétradrachme Hunter (Waddington).

il tend un cep de vigne à une biche. Dans le champ, à gauche, astre et croissant. (Sur certains exemplaires, au-dessus du type, un foudre.) Dans le champ, à droite, un ou plusieurs monogrammes.

AR. 8 (poids moyen : 17 grammes) ou 4. (Pl. X, fig. 4.)

*Variétés.*

*a) Tétradrachme.*
*Sans foudre :*
Mon. 1 (**ME**), 2 (**AP**) et la lettre B. — .(Trouvaille d'Amasia) Londres, Berlin.
— 1, 3 (**AI**?) et B. — Paris.
— 4 (**MHTP**). — Berlin.
— 5 (**ΠIM**?). — Coll. Hirsch.
*Avec foudre :*
Mon. 6 (**ΠIΣ**?). — Coll. Hunter (troué). Pétersbourg.
Mon. 7 (AB?), indistinct. — Moscou.
*b) Drachme.*
Mon. 5. — Coll. Hirsch.
— 1 et la lettre ⊥. — Coll. Waddington.

La tête de Pharnace est, comme celle de son père, un portrait réaliste; sa physionomie canine illustre le jugement sévère de Polybe sur son caractère : Φαρνάκης πάντων τῶν προτοῦ βασιλέων ἐγένετο παρανομώτατος. La suppression du vêtement à la naissance du cou indique un art plus libre ou un changement dans le costume, devenu plus hellénique. J'ai constaté un progrès semblable entre les tétradrachmes d'Ariarathe III de Cappadoce et ceux d'Ariarathe IV Eusèbe. — Le type du revers est inexpliqué. C'est une figure *panthée* qui réunit les attributs d'Hermès, de Dionysos et de Tyché. On ne peut s'empêcher de songer, avec Le Blond, à ce dieu lunaire adoré à Améria (près de Cabira) et qui, d'après Strabon, s'appelait Μὴν Φαρνάκου, « le Lunus de Pharnace »[1]. Il est vrai que notre figure n'a rien d'un dieu lunaire, mais peut-être Pharnace avait-il transformé, à son usage, la divinité d'Améria qui lui devait, sans doute, son surnom[2]. La formule du serment prêté par les rois de Pont à leur avènement, fut désormais : « Par la fortune du Roi et le Mèn de Pharnace. » Quant au foudre, qui surmonte le type sur les derniers exemplaires, il commémore sans doute la conquête de Sinope (183).

J'ai déjà signalé l'identité des monogrammes du tétradrachme de Pharnace et de celui de Mithridate trouvés à Amasia. Cette identité prouve que le monogramme n° 1, où l'on aurait pu être tenté de chercher une année régnale (la 45ᵉ de Mithridate), n'exprime rien de pareil.

Pharnace eut pour successeur — au plus tôt en 169, au plus tard en 156 avant J. C. — un roi appelé Mithridate. Les historiens modernes ont ordinairement identifié ce roi avec le père de Mithridate Eupator, Mithridate Évergète, qui régna jusqu'en 121 ; on faisait d'ailleurs de lui, conformément à la vraisemblance et à un texte de Justin, le fils de Pharnace ; enfin on lui attribuait le tétradrachme sui-

---

[1] Strabon, XII, 3, 31.
[2] Il est vrai encore qu'un Pharnace figure déjà parmi les ancêtres légendaires des rois de Cappadoce (Diod., XXXI, 19). Mais qui prouve qu'il n'a pas été inséré dans notre liste précisément à l'époque du vrai Pharnace, pour justifier les prétentions de celui-ci sur la Cappadoce?

vant, publié par Vaillant, dont je reproduis la description :

Caput diadematum regis (sur la figure : tête *laurée* à droite !)

℞. *Figura barbata stans, capite modio insignito, et divinitatis pallio amicta, dextra aquilam, sinistra sceptrum* (sur la figure : palme) *transversum gerit*. ΒΑΣΙΛΕΩΣ ΜΙΘΡΑΔΑΤΟΥ ΕΥΕΡΓΕΤΟΥ *et in aera litterae numerales* ΓΟΡ (173) *et infra monogramma ex* ΜΚ.

*Ex cimelio cardinalis Maximi.*

Cette pièce n'a jamais été revue depuis Vaillant ; elle porte d'ailleurs en elle-même la preuve de sa fausseté : non seulement les types sont inintelligibles et la description contredit la figure, mais encore l'indication d'une époque trahit la main du faussaire : car les premières monnaies de Mithridate Eupator n'étant pas encore datées, celles de son père Evergète n'ont certainement pas pu l'être[1]. Personne d'ailleurs ne soutient plus aujourd'hui l'authenticité du tétradrachme de Vaillant ; en outre, deux découvertes récentes sont venues anéantir la théorie classique sur la filiation de Mithridate Evergète. L'une est l'inscription bilingue du roi Mithridate Philopator Philadelphe, trouvée à Rome, et que j'ai déjà publiée dans la *Revue numismatique*[2] ; l'autre est le tétradrachme de ce même roi, dont on connaît aujourd'hui quatre exemplaires. Comme l'inscription atteste que le roi en question était allié des Romains et qu'on sait par Appien qu'Evergète fut le premier roi du Pont qui fit

---

[1] On serait tenté de croire que notre pièce est un tétradrachme bithynien ou arsacide démarqué.

[2] 2ᵉ trim. 1887. Je me permets de la replacer sous les yeux du

alliance avec Rome, l'identité de Philopator Philadelphe et d'Evergète peut être considérée comme prouvée. D'autre part, comme cette même inscription nous apprend que Mithridate Philopator Philadelphe (Evergète) était *fils du roi Mithridate*, c'està-dire, de Mithridate II, on voit que Pharnace eut pour successeur non son *fils*, comme on le croyait jusqu'à présent, mais son *frère*.

Je donne, sans autre commentaire, la description du tétradrachme :

Tête du roi, diadémée et quelquefois barbue, à droite.

℞. ΒΑΣΙΛΕΩΣ ΜΙΘΡΑΔΑΤΟΥ | ΦΙΛΟΠΑΤΟΡΟΣ ΚΑΙ ΦΙΛΑΔΕΛΦΟΥ sur quatre lignes verticales séparées en deux groupes par le type. Persée nu, debout et

---

lecteur, en profitant des corrections récemment proposées par M. Mommsen :

Rex Metradates Pilopator et Pil]adelpus regus Metradati f.
poplum Romanum amicitiai e]t societatis ergo quae jam
inter ipsum et Romanos optin]et. Legatei coiraverunt
Nemanes Nemanei f. et Ma]hes Mahei f.
Βασιλεὺς Μιθραδάτης Φιλο]πάτωρ καὶ Φιλάδελφος
βασιλέως Μιθραδάτ]ου τὸν δῆμον τὸν
Ῥωμαίων φίλον καὶ] σύμμαχον αὐτοῦ
εὐνοίας καὶ εὐεργεσίας] ἕνεκεν τῆς εἰς αὐτὸν
πρεσβευσάντων Ναιμά]νους τοῦ Ναιμάνους
Μάου τοῦ Μάου].

Aux arguments épigraphiques que j'ai fait valoir récemment (*Rev. num.*, 1888 1er trim.) pour placer cette inscription au moins au temps des Gracques, quoiqu'elle soit encastrée dans un mur où figurent des inscriptions du temps de Sylla, je puis ajouter aujourd'hui que la dédicace des Lyciens, découverte au même endroit (C. I. G. 5880 = C. I. L. I, 589 et VI, 372), indique par son contenu même qu'elle appartient à l'année 168, époque où les Romains, pour punir Rhodes de son attitude dans la guerre de Persée, affranchirent la Lycie. Cf. Treuber, *Geschichte der Lykier* Stuttgart, 1887, p. 168.

de face, le manteau flottant sur les épaules ; il est coiffé d'une sorte de casque et porte des ailerons aux pieds. La main droite tient la tête de la Gorgone, la main gauche la *harpé* levée. Au-dessus, astre et croissant.

AR. 8 (Pl. X, fig. 5).

*Variétés.*

*Sans monogramme :* Berlin, Cabinet Waddington (cassé).

*Avec le monogramme* n° 1 (ΠΑΣ) : Paris et un exemplaire dans le commerce.

Le portrait, d'un relief saisissant, offre une ressemblance frappante avec la tête de Mithridate II et un air de famille incontestable avec le Pharnace. Le type du revers est absolument calqué comme mouvement sur le « dieu panthée » de Pharnace ; le choix du héros Persée s'explique par la légende, déjà connue d'Hérodote [1], qui faisait de Persée, ou plutôt de son fils Persès, la tige de la nation perse. On sait d'ailleurs que les symboles perséens sont fréquents sur les bronzes des villes pontiques (Amisus, Cabira, Comana, Chabaca) contemporains des derniers Mithridate.

On peut faire et on a fait à mon identification de Mithridate Philopator Philadelphe avec le Mithridate Evergète des historiens trois objections auxquelles je dois répondre brièvement :

1° La différence des surnoms ; celui d'Evergète est

---

[1] Hérodote, VII, 150.

transmis non seulement par Appien et Strabon, mais encore par une inscription délienne[1].

Je réponds que le surnom *Evergète*, le « Bienfaiteur, » tant qu'il n'a pas été une épithète de style (comme sur les monnaies arsacides), n'a pu être porté par un roi qu'après que celui-ci l'avait justifié par des *bienfaits;* en réalité on ne s'arroge pas soi-même un pareil surnom, on le reçoit de la reconnaissance des villes, des peuples et des temples qu'on a obligés ; et si le prince qui le reçoit a, dès son avènement, adopté un autre surnom plus banal dans sa titulature officielle, on comprend que, tout en acceptant l'épithète louangeuse qui lui était décernée, il n'ait rien changé, au moins sur ces monnaies, aux surnoms auxquels le public était habitué. C'est ainsi que Mithridate *Eupator* n'a jamais fait figurer sur ses médailles son surnom de *Dionysos;* c'est ainsi que Nicomède II Epiphane, roi de Bithynie, continua à s'appeler *Epiphane* sur ses tétradrachmes, même après qu'il eut reçu le surnom d'Evergète, attesté par Licinianus[2]. Ce dernier exemple est tout à fait concluant.

2° On a vu que, d'après l'inscription du Capitole, Mithridate Philopator Philadelphe est *fils de Mithridate II;* or, d'après Justin, Mithridate Évergète était *fils de Pharnace*. En effet, dans le grand discours en style indirect que Justin a emprunté textuellement à Trogue Pompée, Mithridate Eupator (fils d'Evergète) s'exprime ainsi : *Sic et avum suum Pharnacem per*

---

[1] Appien, *Mith.*, 10; Strabon, X, 4, 10. C. I. G., II, 2276.
[2] Licinianus, éd. Bonn., p. 37.

*cognitionum arbitria succidaneum regi Pergameno Eumeni datum*[1]. Et un peu plus haut : *Phrygiam, quam proavo suo Mithridati Seleucus Callinicus in dotem dedisset*[2]. Si Eupator est le petit-fils de Pharnace et l'arrière-petit-fils de Mithridate II, son père Évergète est le fils de l'un et le petit-fils de l'autre, et ne peut être identique avec Philopator.

L'argument serait décisif si Trogue Pompée avait été bien au courant de l'histoire des premiers rois du Pont, mais cette histoire était fort oubliée à son époque et j'ai déjà relevé bien des erreurs dans cette partie du travail de Justin. Très probablement Trogue Pompée, en rédigeant son abrégé de l'histoire du Pont [3], aura transcrit une *liste* de rois qui lui était fournie par un chronographe grec, liste ainsi conçue :

1. Mithridate Clistès ;
2. Ariobarzane ;
3. Mithridate II ;
4. Pharnace ;
5. Mithridate Évergète ;
6. Mithridate Eupator.

Puis, quand il composa son grand discours en style indirect, il jeta les yeux sur cette liste, et, oubliant que les n°s 4 et 5 étaient frères, confondit l'ordre des *règnes* avec celui des *générations* : de là son erreur.

3° En identifiant Philopator et Évergète, on est amené à attribuer à Mithridate II et à son fils puîné

---

[1] Justin, XXXVIII, 6.
[2] Justin, XXXVIII, 5.
[3] Prol., 37 : *repetitis regum Ponticorum originibus, ut ad ultimum,* etc.

une longévité et une virilité bien extraordinaires. Entre la naissance du premier (vers 260) et la mort du second (121), près de 140 ans se seraient écoulés! On trouverait difficilement un second exemple pareil dans l'histoire des dynasties anciennes et modernes : entre la naissance d'Henri VIII et la mort d'Élisabeth, il n'y a que 112 ans; entre la naissance de Louis XIII et la mort de Louis XIV, 114 ans; entre la naissance de Frédéric Guillaume III et la mort de Guillaume I$^{er}$ (la succession des règnes est ici tout à fait analogue à celle que j'ai supposée dans le Pont), 117 ans. Il y a encore loin de ces chiffres aux 140 ans ci-dessus! Ajoutez qu'Évergète, mort en 121 de mort violente, ne peut guère être né plus tôt que 195; son père, qui avait eu ses premiers enfants (les Laodice) à 20 ans, aurait donc eu ce fils à 65 ans. Et Évergète lui-même laisse à sa mort, d'après Strabon, deux fils dont l'aîné n'a que 11 ans !

Cette objection serait la plus sérieuse de toutes si l'on avait affaire à une famille ordinaire ; mais il faut tenir compte des *antécédents* et des *subséquents* qui tendent à démontrer que les faits de longévité et de virilité prolongée de ce genre étaient fréquents chez les Mithridate. Le premier Mithridate, le fils d'Orontobate, avait, en 406, un fils en âge de remplir une mission diplomatique [1]; il devait donc lui-même être né vers 450, et il meurt en 363, soit à 87 ans. Son fils, Ariobarzane, né vers 425, meurt (de mort violente) en 337, soit à 88 ans [2]. Le fils d'Ariobarzane, Mithri-

---

[1] Xénophon, *Hell.*, I, 4, 7.
[2] Diodore, XVI, 90.

date de Cios, tue Datame sous le règne d'Artaxercès Mnémon, c'est-à-dire avant 362 [1]; il doit donc être né vers 382, et il est tué en 302, soit à 80 ans. Nous savons déjà que son fils, Mithridate Ctistès, mourut en 266, âgé de 84 ans. Enfin, Mithridate Eupator, qui se suicida à l'âge de 69 ans, laissait à côté de fils de 40 ans (il en aurait eu même de plus âgés, s'il ne les avait tués) des enfants en très bas âge [2]. De tout cela il résulte que les Mithridate étaient une race extraordinairement trempée et qu'il n'y a rien d'absurde à admettre que Mithridate II et Mithridate III aient vécu l'un et l'autre plus de 70 ans et eu des enfants à 65 ans [3].

J'ajoute enfin que la théorie qui identifie Evergète et Philopator est seule conforme au texte d'Appien dont il sera question tout à l'heure, et d'après lequel le Pont aurait eu six rois seulement, depuis Ctistès jusqu'à Eupator, les extrêmes compris.

Mithridate Philopator Philadelphe (Evergète) fut assassiné par ses courtisans en 121, ou au plus tard en 120, après un règne glorieux de près de 50 ans; la date résulte des indications concordantes de Strabon et d'Appien sur la durée du règne de son fils Eupator [4]. Strabon raconte que, en vertu d'un testament vrai ou supposé d'Evergète, le pouvoir royal

---

[1] Nepos, *Datame*, c. 10. Polyen, VII, 29.
[2] Appien, *Mith.*, 108.
[3] Sera-t-il permis de faire observer que la conduite ultérieure de la femme d'Evergète permet de révoquer en doute la légitimité de ses deux fils? En fait, la tête d'Eupator n'offre aucune ressemblance avec celle de son prétendu père.
[4] Appien, *Mith.*, 112. Strabon, X, 4, 10.

fut partagé entre sa veuve et ses deux fils, Mithridate *Eupator* et Mithridate *Chrestos*[1]. En réalité, la veuve fut la véritable souveraine, s'entoura des assassins de son mari et réduisit Eupator à fuir dans les bois d'où il revint, d'après Justin, au bout de sept ans pour la jeter dans une prison où elle périt (114).

Pendant ces sept ans, la veuve d'Évergète s'était si bien considérée comme reine absolue qu'elle frappa monnaie en son nom et à son effigie, sans même y associer, comme ses contemporaines et émules Nysa de Cappadoce et Cléopâtre de Syrie[2], le portrait de son fils ou de ses fils. La preuve de ce fait nous est fournie par le tétradrachme suivant, dont un exemplaire unique est en la possession de M. Waddington :

Tête de reine diadémée et voilée à droite.

℞. ΒΑΣΙΛΙΣΣΗΣ [Λ]ΑΟΔΙΚΗΣ sur deux lignes verticales séparées par le type. Pallas debout, de face, appuyée sur sa lance, qu'elle tient de la main droite.

AR. 8 (Pièce cassée en haut et maladroitement restaurée). (Pl. X, fig. 6.)

La provenance et la fabrique de ce tétradrachme ne peuvent laisser aucun doute sur l'attribution. Il nous donne le nom, jusqu'à présent inconnu, de la mère du grand Mithridate : elle s'appelait Laodice, comme ses deux filles qui épousèrent l'une, Ariarathe VI Épiphane, l'autre, son propre frère Eupator. Le nom Laodice est particulièrement commun dans la famille des Séleucides (à cause de la mère de Sé-

---

[1] Ce dernier surnom est fourni par une dédicace délienne (C. I. G., 2277, rectifié d'après *Bull. corr. hell.*, I, 86).

[2] Celle-ci a cependant frappé quelques rares médailles à sa seule effigie, en 125 (Cat., Brit. Museum, *Seleucids*, pl. XXIII, 1).

leucus Nicator qui s'appelait ainsi¹); et en effet, on savait déjà par Justin que la mère de Mithridate appartenait à cette famille. ² On peut même, je crois, préciser son identité. Neuf ans après que Démétrius Soter eut détrôné et tué son cousin Antiochus V Eupator, fils d'Antiochus Epiphane (162 av. J.-C.), la fille d'Epiphane, Laodice, vint à Rome, sous la conduite de son tuteur Héraclide, accompagnée d'un adolescent nommé Alexandre qu'on donnait pour un second fils d'Epiphane ³. Ce dernier n'était en réalité, malgré l'accueil favorable qu'il reçut du Sénat, qu'un imposteur, fils de Bala ; mais la légitimité de Laodice ne paraît pas avoir été contestée. C'est elle, à mon avis, qu'épousa Mithridate Evergète, pour faire sa cour au sénat romain. Il était d'ailleurs le grand oncle de Laodice (on se souvient qu'Antiochus le Grand, aïeul de celle-ci, avait épousé la sœur de notre Mithridate), et il y avait au moins vingt-cinq ans de différence entre les deux conjoints : une union aussi mal assortie ne pouvait que mal finir. Ajoutons que le surnom d'*Eupator*, donné au fils aîné issu de ce mariage, vient confirmer mon hypothèse : il faut y voir un pieux hommage à la mémoire du petit roi, frère légitime de Laodice, immolé par Démétrius Soter⁴.

¹ Justin, XV, 4.
² *Majores maternos a Magno Alexandro ac Nicatore Seleuco.* (Justin = Trogue Pompée, XXXVIII, 7.) Alexandre figure ici *honoris causa*, comme Cyrus parmi les ancêtres paternels.
³ Polybe fr., XXXIII, 14 et 16.
⁴ On peut aussi rappeler que le type de la Pallas, adopté par Laodice, figure sur plusieurs monnaies d'Alexandre Bala, mais je n'ajoute aucune importance à ce rapprochement.

Avant de passer à l'examen des monnaies de Mithridate Eupator, je dois dire un mot sur le nombre des rois de Pont jusques et y compris ce prince. Nous trouvons à cet égard chez les auteurs des indications très divergentes :

1° Appien, au début de son Mithridate, s'exprime ainsi, après avoir raconté la fondation du royaume de Pont par le Ctistès : ἀρχὴν παισὶ παρέδωκεν· οἱ δ'ἦρχον, ἕτερος μεθ' ἕτερον, ἕως ἐπὶ τὸν ἕκτον ἀπὸ τοῦ πρώτου [1] Μιθριδάτην, ὅς Ῥωμαίοις ἐπολέμησεν.

D'après l'interprétation ordinaire, ce passage signifie qu'il y aurait eu six rois du Pont jusques et y compris Eupator : Appien considère le mot *Mithridate* comme synonyme de *roi de Pont*, absolument comme *Ptolémée* était synonyme de *roi d'Égypte*. Cette interprétation est d'accord avec la liste que j'ai dressée. M. Meyer, au contraire, à l'exemple de Schweighaeuser, traduit le passage d'Appien littéralement : « jusqu'à Mithridate VI, » supposant qu'Appien a pu savoir que deux rois de Pont ont porté un autre nom que Mithridate (Ariobarzane et Pharnace). Mais cette hypothèse s'accorde bien mal avec l'ignorance manifeste d'Appien sur les premiers temps du royaume de Pont : il s'imagine que les rois du Pont et de la Cappadoce descendent les uns et les autres de Mithridate Ctistès ! [2] D'ailleurs, quand on fait

---

[1] Ἕκτος ἀπὸ τοῦ πρώτου signifie bien le sixième roi *y compris le terminus a quo*. C'est ainsi que dans la chronique d'Eusèbe (I, 210, Schœn.), le *premier* athlète qui, après Hercule, ait remporté le double prix de la lutte et du pancrace à Olympie est ainsi désigné : Κάπρος Ἠλεῖος πάλην καὶ παγκράτιον ἐνίκα μεθ' Ἡρακλέα καὶ ἀναγράφεται δεύτερος ἀφ' Ἡρακλέους.

[2] App., *Mith.*, 9, *ad fin*.

d'Eupator le sixième Mithridate, on est obligé d'intercaler violemment *deux* Mithridate, pour lesquels il n'y a de place ni avant ni après Pharnace, et qui n'ont laissé de trace ni dans la numismatique ni dans l'histoire.

2° Le même Appien, à la fin de son *Mithridate* (§ 112), récapitulant la vie d'Eupator, s'exprime ainsi : ὁ Μιθριδάτης ἀπέθνησκεν, ἑκκαιδέκατος ὢν ἐκ Δαρείου τοῦ Ὑστάσπου Περσῶν βασιλέως, ὄγδοος δ' ἀπὸ Μιθριδάτου τοῦ Μακεδόνων ἀποστάντος τε καὶ κτησαμένου (Gelen et Palmerius : κτισαμένου) τὴν Ποντικὴν ἀρχήν.

Ici donc Eupator est non plus le sixième, mais le huitième descendant de Ctistès, ce qui paraît d'accord avec le calcul de M. Meyer. Ce texte d'Appien semble d'ailleurs confirmé par celui de Plutarque dans la vie de *Démétrius* (ch. IV) qui, après avoir raconté *l'hégire* de Mithridate Ctistès, poursuit ainsi : καὶ (παρέσχε) τὸ τῶν Ποντικῶν βασιλέων γένος ὀγδόη που διαδοχῇ παυσάμενον ὑπὸ Ῥωμαίων. Il y a donc contradiction flagrante entre ces textes et le premier renseignement d'Appien; mais je crois que ces derniers textes n'ont pas la valeur du premier, et que ni Appien, ni Plutarque n'avaient sous les yeux, en les écrivant, une liste authentique des rois de Pont. Ils partaient simplement de cette idée, très-ordinaire chez les historiens anciens, que la durée normale d'une génération est de trente ou trente trois ans; or entre l'hégire du Ctistès (302 av. J.-C.) et la mort d'Eupator (63) il y a deux cent trente ans, c'est-à-dire presque exactement huit générations de trente ans : ils en concluaient qu'il y avait en aussi huit règnes. Ce qui confirme cette interprétation, c'est l'indication parallèle d'Appien d'après laquelle il y aurait eu seize générations depuis Darius jusqu'à Mithridate Eupator. Darius monte sur le trône en 521, Eupator meurt en 63 : différence 458 ans, ce qui correspond environ à seize générations [1].

3° On lit chez le chronographe George Syncelle, immédiatement après la mention du poète Aratus, contemporain d'Antigone Gonatas (il florissait vers 277 av. J.-C.) Οἱ βασιλεῖς Ποντίων δέκα κατὰ τούτους ἦρξαν τοὺς χρόνους, διαρκέσαντες ἔτη σιη' (218 ans) et plus loin : τῷ ευπ' ἔτει (an 21 av. J.-C.) ἡ τῶν Βιθυνῶν η' βασιλέων ἀρχὴ ἐπαύσατο... ὁμοίως δὲ καὶ ἡ τῶν Ποντικῶν ι' βασιλέων.

La date donnée pour l'extinction de la dynastie pontique est absurde, et il n'y a pas lieu de s'y arrêter, d'autant plus qu'elle est en contradiction avec la durée, sans doute exacte, de 218 ans assignée à la dynastie. Quant aux « dix rois » de Syncelle, j'avoue n'y rien comprendre, à moins qu'on n'admette que la source copiée par lui (Diodore ?) considérât comme rois les trois dynastes de Cios : Mithridate fils d'Orontobate, Ariobarzane le satrape, et Mithridate, le meurtrier de Datame [2] ? En ajoutant à ces trois dynastes les six rois de Pont et la reine Laodice, on trouve bien le chiffre dix. Peut-être, au lieu de Laodice, faut-il compter Pharnace II.

---

[1] Pour Clinton, les 8 rois de Plutarque et d'Appien comprendraient Pharnace II et son fils Darius (mis sur le trône du Pont par Antoine pendant quelques années). Mais ces deux rois n'ont jamais pu être considérés comme légitimes et n'ont régné d'ailleurs que sur une faible partie des possessions de Mithridate.

[2] En effet, chez Diodore, ces trois personnages sont qualifiés de rois. (Diod., XV, 90 et XVI, 90.)

On voit d'après cette discussion que le premier texte d'Appien est le seul qui mérite une sérieuse considération, précisément parce qu'il est en désaccord avec la théorie ordinaire des générations; ce texte confirme pleinement les résultats qui nous ont été fournis par les indications occasionnelles des historiens, les inscriptions et les médailles Enfin — *last not least* — Hamilton et M. Georges Perrot ont constaté que la nécropole royale d'Amasia compte quatre tombes achevées et une qui est commencée seulement. Les quatre premières sont celles du Ctistès, d'Ariobarzane, de Mithridate II et de Pharnace; la cinquième est celle de Mithridate Evergète, qui l'avait préparée sans doute de son vivant, mais fut enseveli à Sinope, comme son fils Eupator[1].

§ 3.

*Mithridate Eupator* (121-63 av. J.-C.).

Le dernier roi du Pont, Mithridate Eupator, fils aîné de Mithridate Evergète, monta sur le trône en 121 ou 120 avant J.-C., à l'âge de onze ans. Pendant la minorité du jeune roi, le pouvoir fut exercé par sa mère Laodice qui, comme on l'a déjà vu, frappa la monnaie à sa propre effigie. En 111, Eupator saisit les rênes du pouvoir et se débarrassa de sa mère, puis de son frère cadet, Mithridate *Chrestos*, que le testament d'Evergète lui avait associé. Les premières années du nouveau règne furent remplies par des guerres et des négociations heureuses, qui rendirent

---

[1] Pour Eupator, cf. Appien, *Mith.*, 113.

Mithridate maître ou suzerain de la plus grande partie du périmètre oriental et septentrional de l'Euxin (Petite Arménie, Colchide, Chersonèse Taurique). Vers 105, le jeune roi fit un voyage de reconnaissance dans l'Asie Mineure, se ligua avec son voisin Nicomède II de Bithynie et s'empara, de concert avec lui, de la Paphlagonie et de la Galatie. Cependant les alliés se brouillèrent à propos de la Cappadoce, qu'ils convoitaient l'un et l'autre ; après plusieurs révolutions, ce royaume finit par leur être arraché à tous deux pour échoir au protégé de Rome, Ariobarzane I$^{er}$. Nicomède et Mithridate durent restituer leurs conquêtes (97).

Pendant la *seconde période* du règne, Mithridate travaille d'abord sourdement, puis ouvertement, à chasser les Romains de l'Asie Mineure. Il s'allie avec Tigrane, roi d'Arménie, qui ramène en Cappadoce un prête-nom de Mithridate, Gordios, mais le propréteur de Cilicie, Sylla, restaure bientôt Ariobarzane (92). Peu après, profitant des embarras de Rome, alors absorbée par la guerre sociale, Mithridate remplace de nouveau Ariobarzane par son propre fils Ariarathe (Eusèbe Philopator) ; il chasse également le nouveau roi de Bithynie, Nicomède III Philopator, et installe à sa place le bâtard Socrate. L'année suivante (89), les Romains restaurèrent les rois légitimes, mais la frivole aggression de Nicomède contre Mithridate déchaîna la *première guerre avec Rome* (88). En quelques mois, toutes les armées des Romains et de leurs alliés furent détruites, l'Asie Mineure conquise en entier, les 80,000 résidents de langue italienne égorgés en un seul jour.

De 88 à la fin de 85 (*troisième période*), Mithridate est le maître incontesté de toute l'Asie Mineure ; sa résidence est à Pergame. L'un de ses fils, Mithridate, gouverne, en qualité de vice-roi, les anciennes provinces (Pont, Colchide, Bosphore); l'autre, Ariarathe, déjà roi de Cappadoce, conquiert la Thrace et la Macédoine ; le meilleur général du roi, Archélaos, occupe les îles de l'Archipel, la Grèce propre, et établit son quartier général à Athènes, où le philosophe Aristion a provoqué une révolution en faveur de Mithridate. Mais la prise d'Athènes par Sylla (1$^{er}$ mars 86), les défaites des généraux de Mithridate à Chéronée, à Orchomène, à Milétopolis, enfin le soulèvement général des populations asiatiques, mettent fin à l'éphémère restauration de la monarchie achéménide ; par le traité de Dardanus (hiver 85-4), Mithridate est rejeté dans ses frontières de 89.

La *quatrième période* du règne est celle de la guerre défensive contre Rome, de la lutte pour l'existence. Mithridate repousse d'abord l'agression inconsidérée du propréteur d'Asie, Muréna, rétablit son autorité dans le Bosphore et la Colchide insurgés, refait son armée et reconstitue un faisceau d'alliances. A la fin de 74, le testament du dernier Nicomède, qui lègue ses états au peuple romain, rallume la guerre. La victoire de Chalcédoine (73) livre à Mithridate la Bithynie; mais la tactique prudente de Lucullus, la résistance opiniâtre de Cyzique, le terrible hiver 73-2 détruisent l'armée d'invasion ; bientôt Mithridate est relancé par Lucullus jusque dans son royaume héréditaire. Après la défaite de Cabira (71), Mithridate se réfugie chez son gendre Tigrane, qui le retient durant vingt mois dans une demi-captivité ; pendant ce temps, les forteresses du Pont, Sinope, Amisos, Héraclée, succombent les unes après les autres. Lucullus, n'ayant pu obtenir l'extradition de Mithridate, envahit les États de Tigrane, et remporte la victoire de Tigranocerte (6 octobre 69). Alors Tigrane se confie à Mithridate, qui réorganise son armée. La campagne de Lucullus en Arménie (68) est stérile et, à la fin de cette année, Mithridate, avec une armée prêtée par Tigrane, rentre dans son royaume. Vainqueur de Triarius à Gaziura (printemps 67), il rétablit son autorité sur le Pont tout entier, mais en 66 le successeur de Lucullus, Pompée, le bat dans un combat nocturne livré près de l'Euphrate. Mithridate, accompagné d'une poignée de fidèles, est réduit pour la seconde fois à fuir son royaume. Il passe l'hiver à Dioscurias, en Colchide, puis, en 65, traverse les peuplades du Caucase et tombe à l'improviste dans le royaume du Bosphore, où son fils, le vice-roi Macharès, avait traité avec les Romains. Macharès, abandonné de tous, se tue et Mithridate a de nouveau un royaume. Pendant l'année 64, il fait d'immenses préparatifs en vue d'une expédition contre l'Italie par la vallée du Danube, mais, à la veille du départ, l'armée s'insurge à l'instigation du prince royal, Pharnace, et Mithridate, en présence de la désertion générale, se donne la mort (commencement de 63).

Avec lui finit le royaume de Pont ; les descendants vrais ou prétendus de Mithridate ne régnèrent plus que sur le Bosphore, et les futurs rois de Pont, qui d'ailleurs ne gouvernaient qu'une faible partie de ce pays, appartinrent à une autre famille, celle de Zénon, de Laodicée.

La numismatique de Mithridate comprend des pièces d'or, d'argent et de bronze, les unes émises directement par lui, les autres frappées par des princes ou des républiques, qui reconnaissaient sa suzeraineté et plaçaient sur leurs monnaies son effigie, son nom ou ses emblèmes. Au lieu de suivre une classification par genres, forcément aride et peu instructive, il me paraît préférable d'adopter ici l'ordre strictement chronologique, rendu facile par les dates que portent la plupart des médailles. La numismatique est ainsi un miroir où se reflètent fidèlement toutes les vicissitudes de ce règne extraordinaire [1].

*Première période* (114-97 av. J.-C.).

Elle n'est représentée que par un tétradrachme unique de la collection Waddington.

1. Tête diadémée du roi, à droite. Légers favoris, cheveux longs et bouclés.

℞. ΒΑΣΙΛΕΩΣ | ΜΙΘΡΑΔΑΤΟΥ ΕΥΠΑΤΟΡΟΣ sur trois lignes horizontales séparées par le type. Pégase s'abreuvant, à gauche. Dans le champ, à gauche, astre et croissant. Entre les jambes de Pégase, le monogramme 1 [2].

---

[1] Koehler a donné (*Gesammelte Schriften, Serapis*, I, 50) un catalogue de 43 monnaies de Mithridate avec une planche de monogrammes, où il y a malheureusement beaucoup d'erreurs.

[2] J'ai cru pendant quelque temps voir une année régnale (24) dans ce monogramme qui se compose des lettres ΚΔ ; en pre-

*Ar.* 8. (Pl. XI, fig. 1).

Style, portrait, sobriété des attributs, caracteres de la légende, tout concourt à prouver que cette pièce est antérieure aux tétradrachmes datés et se place en tête de la série. Le roi y est représenté à la fleur de l'âge, avec une noblesse de traits et d'expression qui n'exclut pas la sincérité du portrait et justifie l'admiration des contemporains.

Le type du revers se relie immédiatement à celui des tétradrachmes de Mithridate Philopator Philadelphe : le père avait pris pour emblème Persée (l'ancêtre légendaire des Perses), tenant la tête de la Gorgone ; le fils adopte le Pégase, le cheval né du sang de la Gorgone. C'est un nouvel argument en faveur de l'identification que j'ai proposée entre Philopator Philadelphe et l'Evergète des historiens.

*Seconde période* (97-88 av. J.-C.).

*Monnaies :* tétradrachmes, drachmes.

*Types :*

1° *Tétradrachme.* Tête diadémée du roi, à droite. Très légers favoris, traits accentués, parfois même fatigués. ℞. ΒΑΣΙΛΕΩΣ | ΜΙΘΡΑΔΑΤΟΥ ΕΥΠΑΤΟΡΟΣ (quelquefois sans ΜΙΘΡΑΔΑΤΟΥ). *Pégase* à gauche, s'abreuvant. A gauche, astre et croissant ; à droite, une date et, au-dessous, un monogramme ; sous la légende, lettre numérale, indiquant le mois. Le tout dans une couronne de lierre fleuri. (Pl. XI, fig. 2.)

2° *Drachme.* Même droit. ℞. ΒΑΣΙΛΕΩΣ | ΕΥΠΑΤΟΡΟΣ. *Cerf* à gauche, broutant. A gauche astre

nant pour origine l'année 120, la pièce serait de 97 av. J.-C. L'absence d'analogies dans la série m'empêche d'adopter définitivement cette interprétation.

| MODULE | ANNÉE | MOIS | MONO-GRAMME | SOURCE |
|---|---|---|---|---|
| Ar. 8 | ΒΣ (202-96/5) | Η | 2 | Coll. Waddington. |
| » | » | Θ | » | Kœhne, *Mus. Kotschoubey*, II, 129 (coll. Perowsky). |
| » | » | ΙΑ | » | Dans le commerce. |
| Ar. 4 | » | Néant[1]. | » | Coll. Hirsch (2 ex.), Waddington, Strogonov. |
| Ar. 8 | ΕΣ (205-93/2) | Α | 3 | Coll. Waddington (trouvaille de Salonique). |
| » | » | » | 4 | Mionnet *Supp.* n° 10 (d'après Sestini, *Mus. Fontana*, 82, 1 et le cabinet Blacas). C'est peut-être Cat. Bompois, n° 1307. |
| » | » | » | 5 | Pétersbourg, Milan (M. S. 11, d'après Sestini, *ibid.*). |
| » | » | Ζ[1] | 6 | Paris, Pétersbourg (cf. Podjivalov, *Rois du Bosphore cimmérien*, pl. II, n° 16). |
| » | » | Η[1] | » | Berlin (Kœhne, *Berl. Blaetter*, II, 264, pl. XXI, 3; Reinach, *Rev. num.* 1887, pl. IV, 6; Podjivalov, II, 17). |
| » | ϚΣ (206-92/1) | Ζ | 3 | Coll. Waddington (trouvaille de Salonique). |
| » | » | Η | 7 | Coll. Waddington (Salonique). |
| » | ΖΣ (207-91/0) | Néant. | 8 | Coll. Luynes, ex-Allier (M.S. 12) Berlin. |
| » | ΗΣ (208-90/89) | Β | 9 | Paris (M. S. 13); Pétersbourg, Coll. Rollin. |
| » | » | Ζ | » | Coll. Waddington (Salonique). |
| » | » | Η | » | Pétersbourg, Coll. Waddington (Salonique), Rollin, Hirsch. |
| » | » | Θ | » | Moscou (Bouratschkov, *Monnaies du Bosphore cimmérien*, pl. XXV, 34); Rollin, Hirsch, Giel, Waddington. Munich. |

[1] Légende : **ΒΑΣΙΛΕΩΣ ΕΥΠΑΤΟΡΟΣ**. L'opinion de M. de Sallet (reprise par MM. Oreschnikov et Podjivalov, mais abandonnée par l'auteur), qui voit dans ces pièces à légende incomplète une émission particulière au Bosphore, ne me paraît pas admissible. Je rétracte également l'hypothèse émise par moi (*Rev. num.*, 1887, p. 104), d'après laquelle il faudrait reconnaître dans le mon. 6 le second surnom du roi, *Dionysos*.

et croissant. Sous la légende, date, et, à côté, monogramme. Le tout dans une couronne de lierre fleuri. (Pl. XI, fig. 3.)

*Variétés.* Voir le tableau, page précédente.

Le *cerf*, qui figure sur les drachmes seulement, est un type emprunté, sans copie servile, aux drachmes éphésiennes, que le commerce répandait alors dans toute l'Asie [1].

La *couronne de lierre fleuri*, qui encadre maintenant le type du revers, est empruntée aux cistophores. Peut-être, en imitant ce symbole bacchique, Mithridate s'est-il souvenu de son second surnom, Dionysos, dont l'origine est inconnue; de même le cerf répondait à son goût passionné pour la chasse.

L'*indication de la date* trouvait des précédents dans les séries séleucide, parthe et bithynienne; c'est l'ère bithynienne que Mithridate a adoptée, comme je l'ai démontré dans un précédent mémoire [2]; le point de départ de cette ère, déjà déterminé par Cary et Frölich [3] d'après les pièces bosporanes où elle reparut sous l'Empire, est l'équinoxe d'automne de l'an 297 av. J.-C.

En réunissant ainsi sur ses tétradrachmes des éléments empruntés au monnayage des pays voisins, Mithridate obéissait sans doute à des arrière-pensées commerciales et politiques; sous le couvert de ces

---

[1] Au siècle précédent, la ville commerçante d'Aradus (Phénicie) avait également copié le cerf éphésien. Kœhne a voulu voir ici un hommage à Artémis Agrotère; M. Oreschnikov un souvenir de la victoire sur les Scythes, due, d'après l'inscription de Diophante, à l'intervention de l'Artémis (Parthénos) de Chersonèse.

[2] *Revue numismatique*, 1887, p. 352.

[3] Cf. Eckhel, II, 381.

symboles familiers au public, sa monnaie, d'une excellente fabrication (poids moyen du tétradrachme : 16 1/2 gr.), circulait sans peine, et répandre sa monnaie, c'était répandre son influence.

Par un renchérissement d'exactitude sur son voisin de Bithynie, Mithridate, à l'exemple des Athéniens[1], marque sur ses monnaies le *mois* de l'émission; les lettres numérales vont de A à IB, c'est-à-dire de 1 à 12; très rarement on trouve IΓ, c'est-à-dire 13 (dans les années *embolimiques*). Quand la fabrique est hâtive et négligée, le mois est ordinairement omis; presque toujours, ces omissions coïncident avec de grandes commotions politiques, comme on peut s'en assurer en comparant les dates de nos catalogues avec celles du résumé chronologique.

*Troisième période* (88-85 av. J.-C.).

*Monnaies* : statères d'or, tétradrachmes. — Cette période est celle de l'apogée de la puissance de Mithridate. Son monnayage, extrêmement actif, s'y subdivise en plusieurs classes qui correspondent aux divisions qu'il avait dû établir dans son vaste empire.

*Classe A. Monnaies frappées dans les anciennes provinces* (*Pont, Bosphore, Colchide*). Au nom et à l'effigie du roi, mais sous l'autorité immédiate de son fils Mithridate. Ces pièces sont des tétradrachmes, entièrement identiques à ceux de la période précédente; il existe, en outre, un statère d'or, qui a le type du cerf, comme les drachmes de la période précédente.

[1] Voir mon travail intitulé : *Les stratèges sur les monnaies athéniennes. Revue des études grecques*, 1888, n° 2.

| MODULE | ANNÉE | MOIS | MONO-GRAMME | SOURCE |
|---|---|---|---|---|
| Or. 5 | ΘΣ (209-89/88) | Néant. | 10 | Berlin, Pétersbourg, Coll. Waddington (Cf. M. S. 8 ; Bouratschkov, XXV, 35). |
| Ar. 8 | ΘΣ (209-89/88) | Néant. | 10 bis | Berlin, Coll. Giel (Mionnet, n° 8, Kœhne p. 130, 2). Gotha. |
| » | ΙΣ (210-88/7) | A | 9 | Berlin. |
| » | ΒΙΣ (212-86/5) | A | 11 | Paris (Mionnet, n° 9 et Supp. 17). |
| » | » | E | » | Londres, Pétersbourg, Anc. Coll. Dupré (Cf. M. S. 19, d'après Sestini, *Desc. Num. vet.* p. 239, 2). |

*Classe B. Monnaies frappées en Grèce.* Au nom et à l'effigie du roi, mais sous l'autorité immédiate de son général Archélaos. Tétradrachmes identiques aux précédents, mais sans date. (Pl. XI, fig. 4.)

| MODULE | ANNÉE | MOIS | MONO-GRAMME | SOURCE |
|---|---|---|---|---|
| Ar. 8 | Néant. | Néant. | 12 | Luynes, Berlin, Londres, Pétersbourg, Moscou, Cambridge. Coll. Waddington, Rollin, Imhoof (Bouratschkov, Pl. XXV, 39 ; Leake, n° 4 ; Imhoof, Portrætkœpfe, V, 3). |

Le monogramme unique et invariable qui se rencontre sur toutes ces pièces se résout sans difficulté en APX ; il faut y reconnaître, sans aucun doute, le *différent* du fameux Archélaos, lieutenant général des armées du roi. On s'explique maintenant pourquoi ces pièces ne sont pas datées : elles devaient circuler en Grèce, où l'ère bithyno-pontique n'aurait pas été comprise.

*Classe C. Monnaies frappées en Macédoine*, aux types du roi, mais à l'effigie et sous l'autorité immédiate de son fils Ariarathe.

Tétradrachmes aux types suivants :

Tête diadémée d'Ariarathe, à droite. Cheveux très mouvementés.

℞. ΒΑΣΙΛΕΩΣ ΑΡΙΑΡΑΘΟΥ | ΕΥΣΕΒΟΥΣ ΦΙΛΟΠΑΤΟΡΟΣ sur quatre lignes horizontales. Pégase à gauche, s'abreuvant. A gauche, astre et croissant ; à droite mon. 13 (composé de ΑΜΦΙ). Le tout dans une couronne de *vigne*, dont il existe deux variantes.

*Ar.* 8. Paris, Berlin ; Coll. Waddington, Imhoof, Rollin (Cf. *Rois de Cappadoce*, p. 51).

On sait déjà que le monogramme de ces pièces, que j'ai étudiées dans la série cappadocienne, indique l'atelier d'Amphipolis, où Ariarathe avait son quartier général pendant l'hiver 87|6 av. J.-C. Le même prince frappait en Cappadoce des *drachmes* à son effigie et à son nom, mais avec les types ordinaires des rois de Cappadoce ; je n'ai pas à m'en occuper ici.

*Classe D. Monnaies frappées dans l'Asie antérieure* (*royaume de Pergame*) *sous l'autorité immédiate du roi*. Tétradrachmes et statères d'or aux types suivants :

Tête du roi, diadémée et imberbe, à droite. Cheveux balayés par le vent; traits idéalisés.

℞. ΒΑΣΙΛΕΩΣ | ΜΙΘΡΑΔΑΤΟΥ ΕΥΠΑΤΟΡΟΣ sur trois lignes horizontales. Cerf broutant à gauche. A gauche, astre et croissant. A droite, lettre numérale et monogramme. (Sur les statères, quelquefois deux monogrammes, dont l'un à gauche.) Le tout dans une couronne de lierre fleuri.

*Ar* 8 et *Au* 4 1/2-5 (8 gr. 25 à 8 gr. 50). (Pl. XI, fig. 5 et 6.)

| MODULE | LETTRE numérale | MONO-GRAMME | SOURCE |
|---|---|---|---|
| Ar. 8 | A | 14 | Moscou (Bouratschkov, XXV, 33). |
| Or. 5 | B | 15 | Paris, La Haye, Waddington. (Imhoof, V, 4; Mionnet, 7). |
| Ar. 8 | Γ | 14 | Paris, Berlin. |
| » | Δ | » | Berlin, Pétersbourg (Kœhne, n° 7). |
| Or. 5 | » | 15 | Berlin, Coll. Hirsch. |
| » | » | 14 | Paris (Mionnet, 6). |
| » | » | 15 et 14 | Luynes, Berlin, Londres, Florence [1]. |

Le simple rapprochement de ces pièces, évidemment de même fabrique, indique leur époque et leur provenance, qui n'ont pas été aperçues jusqu'à présent. L'atelier est *Pergame*, dont le monogramme

---

[1] Cette pièce a été mal décrite par Sestini (*Desc. num. vet.*, 239), qui a vu dans le monogramme 14 la date ΒΚΣ. Mionnet, Supp. n° 9 l'a suivi aveuglément. Il existe un coin faux, par Becker, du statère avec le mon. 15.

15 (le même qui figure sur les cistophores pergaméniens) reproduit les trois premières lettres. Les lettres numérales sont des dates qui désignent, non des mois (on ne comprendrait pas l'anomalie de pièces ayant des *mois*, sans *années*), mais des années, dont le point de départ est l'an 89-88, époque de l'expulsion des Romains et de la restauration par Mithridate du royaume de Pergame. En même temps qu'il adoptait une ère monétaire nouvelle, symbole d'un régime nouveau, pour flatter l'enthousiasme de ses nouveaux sujets, Mithridate changeait le type de ses tétradrachmes : son portrait réaliste est remplacé par une tête idéalisée, qui est plutôt celle d'un dieu que d'un homme ; Visconti a proposé d'y voir la copie d'une statue où Mithridate était représenté conduisant un quadrige, les cheveux balayés par le vent. Désormais aussi le cerf, déjà adopté pour les drachmes, figure sur toutes les monnaies du roi sans distinction. On remarquera l'émission, relativement abondante, de statères d'or, symbole de la puissance souveraine, par laquelle l'héritier de Darius et d'Alexandre affirmait ses hautes ambitions.

En dehors de ces quatre classes, qui constituent la véritable monnaie royale de Mithridate pendant la période de sa plus grande puissance, il faut signaler, comme une preuve de vassalité ou de flatterie, l'imitation de ses types sur les monnaies de plusieurs cités qui ne faisaient pas partie de ses anciennes possessions.

1° *Smyrne*. Tête diadémée de Mithridate à droite. ℞ ΖΜΥΡΝΑΙΩΝ | ΕΡΜΟΓΕΝΗΣ ΦΡΙΞΟΣ sur trois lignes verticales. Victoire en marche à droite, tenant couronne et palme. Æ 6. Paris (Mionnet, III, p. 217, n° 1210 ; Visconti, XLII, 6).

2° *Odessos* (Thrace). Tête d'Héraclès à droite (caractère mithridatique).
℞. ΒΑΣΙΛΕΩΣ ΑΛΕΞΑΝΔΡΟΥ. Zeus assis à gauche. Dans le champ ΛΑΚΩ (nom de magistrat). A l'exergue ΟΔΗ. — Ar. 8. Paris, Berlin (Müller, *Num. d'Alexandre*, n° 429 ; Friedländer dans *Zeitsch. für Num.*, IV, 15).

3° *Athènes*. Tétradrachme aux types ordinaires. Au revers les noms de magistrats : ΒΑΣΙΛΕ· ΜΙΘΡΑΔΑΤΗΣ ΑΡΙΣΤΙΩΝ. Symbole : astre entre deux croissants. Sur l'amphore la lettre (mois) A ou B. Au-dessous : ΕΠΙ (atelier). (Berlin, Londres. Cf. Beulé, *Monnaies d'Athènes*, p. 237 ; Head, *Cat. du Musée Brit.*, *Attica*, p. 65 et pl. XIII, 5). De la même émis-

— 197 —

sion, avec les mêmes noms, un statère d'or unique, au musée de Berlin (Sallet, *Das Kœnig. Münzcabinet*, p. 96; *Zeitschrift für Num.*, IV, 9; Weil dans *Mittheil. des deutschen Instituts in Athen*, VI, 315). Ces pièces, extrêmement rares, appartiennent à l'année *attique* juillet 87-6 ; l'année précédente, 88-7, on trouve une abondante émission de tétradrachmes aux noms de ΑΡΙΣΤΙΩΝ et ΦΙΛΩΝ (1er et 2e stratèges[1]) avec le symbole annexe du *Pégase*, qui, comme l'astre et le croissant, atteste la suzeraineté de Mithridate.

4° *Italie*.

*a*. Tête de Bacchus jeune couronné de lierre, à droite.

℞. Thyrse à bandelette flottante, appuyé sur une ciste mystique, que recouvre une nébride. A l'exergue, une légende osque rétrograde : IM. ZIꟻƎI. IM. c'est-à-dire, d'après Friedländer : MI (nius) IEGI(V)S MI (ni f.)

*A u*. 3 1/2. Poids 8 gr. 50.

Paris (exemplaire unique). Cf. Bompois, *Types*

---

[1] Cf. mon travail déjà cité : *Les stratèges sur les monnaies d'Athènes*, Rev. ét. gr., 1888, n° 2.

*monétaires de la guerre sociale*, p. 28 et pl. III, 1.

*b.* Buste casqué et cuirassé de femme, à droite, couronnée par la Victoire.

℞. Deux hommes debout se tendant la main. Celui de gauche porte une lance ; celui de droite, plus grand et diadémé, tient sous son bras gauche replié un pan de son manteau de guerre. Derrière lui, une proue de navire portant un sceptre orné de bandelettes ; sur le pont, deux boucliers et deux lances. A l'exergue, lettres et chiffres variés

*Ar* 4. Nombreux exemplaires (Bompois, *op. cit.*, p. 105 et pl. III, 5).

L'*aureus*, avec ses symboles bacchiques, presque identiques à ceux des bronzes contemporains d'Amisus, et le denier anépigraphe, avec sa scène de débarquement, paraissent bien refléter les espérances que fit naître chez les Italiens insurgés la nouvelle des victoires de Mithridate en 88 avant J.-C. On sait qu'une ambassade samnite vint le trouver à Éphèse ou à Pergame et sollicita son intervention en Italie ; Mithridate paya les députés avec de bonnes paroles et peut-être avec de l'argent qui fut employé à la fabrication de nos pièces ; *Minius Jegius* pourrait être le chef de l'ambassade. Telle est l'hypothèse ingénieuse de Bompois, qu'il est aussi difficile d'admettre sans réserve que de réfuter par des raisons décisives [1].

*Quatrième période* (85-63 av. J.-C.) *Monnaies :* tétradrachmes, statère d'or (unique). *Types :* comme dans la classe D de la période précédente (cerf,

---

[1] Cf. les opinions divergentes de Friedländer et de Sallet dans *Z. N.*, IV, 14 et 237.

tête idéalisée), seulement l'*ère pergaménienne* est remplacée de nouveau par *l'ère pontique*. Par les dates, ces pièces se rattachent donc immédiatement à la classe A de la période précédente (pièces frappées dans le Pont) et sortent probablement des mêmes ateliers. La substitution définitive du cerf au Pégase eut lieu entre le 5ᵉ et le 11ᵉ mois de l'année 212, c'est-à-dire entre février et août 85 ; cette date coïncide probablement avec l'évacuation de Pergame par Mithridate. Dans cette période les pièces ont ordinairement deux monogrammes.

| MODULE | ANNÉE | MOIS | MONO-GRAMME | SOURCE |
|---|---|---|---|---|
| Ar. 8 | ΒΙΣ (212-86/5) | ΙΑ | 11 et 16 | Paris (M. 10); Rollin. |
| » | » | ΙΒ | » » | Paris (M. S. 18), Cat. Ouvarof, nº 512. |
| » | ΓΙΣ (213-85/4) | Α | » » | Paris (M. 11). |
| » | » | Ϲ | 11 | Dans le commerce. |
| » | » | Θ | » | Berlin. |
| Or. 5 | » | Ι | 2 *bis* | Cat. Ouvarof, nº 513 (Kœhne, nº 8). |
| Ar. 8 | ΔΙΣ (214-84/3) | Θ | 11 | Giel (Bompois, nº 1306). |
| » | ΗΙΣ (218-80/79) | ? | 17 | Cambridge (Leake, *Num. hell.*, p. 47, nº 3). |
| » | ΘΙΣ (219-79/8) | Θ¹ | 17 et 14 | Dupré, Waddington, Giel ; Cat. Ouvarof, nº 514. |
| » | » | Ι | » » | Bunbury. |
| » | » | ΙΒ | » » | Waddington. |
| » | ΑΚΣ (221-77/6) | ? | ? | (Eckhel). |
| » | ΒΚΣ (222-76/5) | Ε | 18 et 14 | Mionnet, nº 16. |
| » | » | Ϲ | 17 et 14 | Florence, Bunbury (Cf. Vaillant, p. 183 et Mionnet, nº 14). *Douteux.* |
| » | » | Η | 18 et 14 | Turin. |
| » | » | Θ | » » | Londres, Cambridge (M. S. 20). |

¹ Aussi un coin faux, ne pesant que 10 gr. 50 : Milan (M. 13).

— 200 —

| MODULE | ANNÉE | MOIS | MONO-GRAMME | SOURCE |
|---|---|---|---|---|
| Ar. 8. | ΓΚΣ (223-75/4) | Δ¹ | 18 et 14 | Giel. |
| » | » | E | » » | Cat. Ouvarof, n° 515 (M. 17). |
| » | » | Θ | » » | Berlin, Rollin, Waddington. |
| » | » | IA | » » | Londres. |
| » | » | IB | » » | Moscou (Bouratschkov, XXV, 36) ; ma collection. |
| » | » | IΓ² | » » | Dans le commerce. Ancien cab. Devonshire (Haym II, 59). |
| » | » | Néant. | 19³ | Paris (M. 19), Londres, Florence, Hirsch. |
| » | ΔΚΣ (224-74/3) | Γ² | 18 et 14 | Paris, Copenhague (M. S. 21 ; Kœhne, 3). |
| » | » | Néant. | 20⁴ | Pétersbourg. |
| » | ΕΚΣ (225-73/2) | Néant. | 20⁴ | Paris (M. 12), Londres, Pétersbourg, Cat. Ouvarof, n° 516. |
| » | » | A | 14 | Berlin. |
| » | » | B | » | Luynes, Bunbury, Moscou (Bouratschkov, XXV, 38 ; Kœhne, 4). |
| » | » | I | 21⁵ | Pétersbourg (Cf. Kœhne, 5). |
| » | ϚΚΣ (226-72/0) | Θ | 22 | Paris. |
| » | ΖΚΣ (227-71/0) | I | 22 bis | Waddington. |
| » | » | IA | 22 ter | Berlin. |
| » | ΗΚΣ (228-70/69) | Néant. | Néant. | Waddington. |
| » | ΑΛΣ (231-67/6) | Néant. | 23 | Waddington (Cf. Kœhne, 6, coll. Meyendorf). |

¹ Aussi un coin faux avec deux monogrammes ridicules (n°ˢ 17 bis et 18 bis) et deux étoiles encadrant le Δ. Mionnet, n° 18 et dans le commerce.

² Cf. mon article *La monnaie et le calendrier. Rev. archéol.*, 1887.

³ Aussi un coin moderne (didrachme) avec le monogramme 19 et la date absurde PEC (Mionnet, 21).

⁴ Probablement *Parium* en Troade, où, après le siège de Cyzique, Mithridate ramena les débris de son armée (Appien. *Mith.*, 76).

⁵ Peut-être *Héraclée* où Mithridate s'arrêta dans sa retraite.

Avec cette admirable pièce (pl. XI, fig. 7), qui montre le souci persévérant du roi-amateur pour la perfection de son monnayage, se termine provisoirement le catalogue des médailles de Mithridate. Il nous reste à parler brièvement des monnaies de bronze.

Mithridate ne paraît pas avoir frappé de bronze, au moins dans le Pont. Le soin d'émettre la monnaie divisionnaire était laissé aux villes, dont plusieurs, celles où dominait l'élément grec, avaient une sorte de constitution municipale. C'est ainsi que nous avons des bronzes, certainement de l'époque mithridatique, frappés à Amisos, à Cabira, à Chabaca, à Comana, à Laodicée, à Sinope. Nous n'avons pas à énumérer les types assez variés de ces bronzes ; disons seulement que plusieurs d'entr'eux rappellent les types des monnaies royales. Ainsi l'on trouve à Amisos le Persée, le Pégase, et des attributs dionysiaques (thyrse et ciste), à Cabira, à Sinope, à Comana Persée, à Chabaca le Pégase. A Sinope même, une monnaie unique, dont M. Oreschnikov a bien voulu m'envoyer un frottis, donne une date pontique, 223, c'est-à-dire 75/4 av. J.-C.[1].

Le même système, consistant à abandonner le monnayage divisionnaire aux municipalités grecques, paraît avoir été suivi dans le Bosphore cimmérien ; seulement, dans ce dernier pays, où régnait depuis longtemps l'étalon d'or, il semble que l'argent ait été également considéré comme monnaie d'appoint et,

---

[1] Tête de Zeus à droite. ℞ Aigle sur foudre. Au-dessous : ΣΙΝΩΠΗΣ. En haut, à gauche, ΓΚΣ. Æ 4. Musée historique de Moscou.

par conséquent, on permit aux principales villes du royaume, Panticapée et Phanagorie, de frapper des didrachmes dont les types variés (Pégase, Dionysos et couronne de lierre) attestent incontestablement l'influence des types de Mithridate [1]. Des types analogues se rencontrent sur les *bronzes* contemporains de Panticapée et de Chersonèse, et l'on a voulu aussi reconnaître des symboles mithridatiques dans les types des *tétrachalques* anépigraphes que l'on rencontre dans la presqu'île de Taman (tête de Dionysos ; ℞. coryte et carquois [2]).

Faut-il maintenant, à côté de ce monnayage *municipal*, admettre l'existence d'un monnayage *royal* en bronze, particulier au Bosphore cimmérien? Les plus récents auteurs russes, MM. Oreschnikov et Podjivalov, répondent affirmativement et attribuent maintenant à Mithridate Eupator toute une série de bronzes avec les monogrammes BAE et BAM, dont voici un catalogue sommaire [3].

*a)* Monogramme BAE *sans date.*

Grand bronze : 1. Tête d'Hélios. ℞. Astre et croissant.
Moyen bronze : 2. Tête de Persée. ℞. Le mon. seulement.
— 3. Tête d'Esculape (?) ℞. Serpent dressé.
— 4. Lion courant, astre. ℞. Le mon. seulement.

[1] La même observation s'applique à la drachme d'Hygiénon (Muret, *Bull. corr. hell.*, 1882, p. 211) qui porte incontestablement le monogramme de Panticapée. La tête du droit est un portrait mithridatique, et j'incline à voir dans Hygiénon un satrape insurgé contre Mithridate en 85 av. J.-C. Son nom paraît plusieurs fois sur des briques du Bosphore cimmérien.

[2] Voir la liste des monogrammes dans Podjivalov, *Monnaies des rois du Bosphore cimmérien*, p. 13.

[3] Pour plus de détails, voir Podjivalov, *op. cit.*, p. 15 et s.

Moyen bronze : 5. Buste d'Athéné. ℞. Buste de cheval.
— 6. Buste d'Athéné. ℞. Serpent en spirale.
— 7. Tête de Déméter. ℞. Tête de taureau.
— 8. Buste de Poséidon. ℞. Mon. seul.
— 9. Buste de Poséidon. ℞. Dauphin.
— 10. Dauphin. ℞. Mon. seul.
Petit bronze : 11. Buste d'Artémis. ℞. Chien assis.

*b*) Monogramme BAE avec date.

1. Tête de Sérapis. ℞. Corne d'abondance. A.
2. Tête de Dionysos. ℞. Ciste mystique. B.
3. Lion accroupi. ℞. Couronne et palme. Γ.
4. Tête d'Apollon. ℞. Trépied et laurier. Δ.
5. Buste de Poséidon. ℞. Dauphin. E.
6. Tête de Zeus. ℞. Aigle perché. C.
7. Buste d'Hermès. ℞. Caducée. Z.
8. Tête de Persée, harpé. ℞. Stèle d'Hermès. Z.

*c*) Monogramme BA ·Ϻ

1. Tête virile (portrait) à droite. ℞. Astre et croissant. Lettre I (Pétersbourg. Giel, *Kleine Beiträge zur Numismatik Süd Russlands*, p. 27, pl. V, 9 et 10). Autre avec Γ (Moscou).

2. Tête d'Esculape à droite. ℞. Serpent enroulé sur un tronc d'arbre. Lettre Δ. (Musée de Moscou. Oreschnikov, *Annuaire de la Soc. de Numismatique*, 1887, p. 275).

La plus grande incertitude, il faut l'avouer, règne encore sur l'attribution de tous ces bronzes. Il s'y rencontre certainement, dans le nombre, quelques symboles *mithridatiques* (astre et croissant, Persée, etc.), mais est-ce assez pour déterminer l'époque ? Je ne le crois pas, et les dates évidemment régnales qui se rencontrent sur la deuxième série des bronzes avec BAE me paraissent même un argument très fort *contre* l'attribution proposée. Je ne m'arrêterai pas davantage aux autres hypothèses qu'on a émises (Macharès, Eumèle, le fabuleux roi Eubiotos), et je me contenterai de dire que, par des raisons de style, je placerais volontiers nos bronzes dans la première moitié du premier siècle *après* J.-C., c'est-à-dire dans une période singulièrement obscure de l'histoire du Bosphore. Le roi qui les a frappés a régné au moins sept ans ; il se rattachait plus ou moins authentiquement à la famille de Mithridate et a vécu peu de temps avant Rhescuporis : voilà tout ce que je crois qu'on peut affirmer à ce sujet.

Quant aux monnaies avec BA. M, le portrait qu'elles présentent pour la plupart empêche de penser soit à Mithridate Eupator, soit à l'un de ses fils. M. Imhoof a remarqué que les types de la monnaie n° 2 sont exactement copiés sur un bronze pergaménien. (Cat. Allier, pl. XII, n° 16.) On serait dès lors tenté de l'attribuer à Mithridate de Pergame, mais les dates régnales élevées s'opposent également à cette hypothèse, ce prétendant ayant été tué peu après son débarquement dans le Bosphore. Notre Mithridate (si tel est le nom qui se cache sous le monogramme) appartient donc sans doute, comme le roi E..., au siècle suivant. Au reste : *In dubiis libertas*.

### 1ᵉʳ TABLEAU GÉNÉALOGIQUE

```
       Achéus I              Antiochus II Théos              Ariobarzane
          |              ép. sa propre sœur Laodice I             |
─────────────────     ───────────────────────────────     ─────────────────
1. Andromachus 2. Laodice II = Séleucus Callinicus 2. Antiochus Hiérax 3. Fille = Mithridate II
                    |                      |                                            |
     Achéus II            Antiochus III le Grand =                    Laodice III. Laodice IV
    ép. Laodice IV                    |
                               Mithridate.
```

(Mentionné T. Liv. XXXIII, 19 et Agatharchidès, fr. 11).

Eusèbe (ou Porphyre) a confondu Laodice I et Laodice II et fait épouser à Antiochus II la fille d'Achéus I; mais en réalité Antiochus II avait épousé sa propre sœur (Appien, *Syr.*, 65; Polyen, VII, 50). M. Percy Gardner, dans son *Stemma Seleucidarum* fait de Mithridate II le *gendre* de Séleucus Callinicus, tandis qu'il était, comme son contemporain Ariarathe III (Eusèbe, *loc. cit.*, Diodore, fr. XXXI, 19) son beau-frère.

## 2ᵉ TABLEAU GÉNÉALOGIQUE.

Orontobate
|
Mithridate, *dynaste*
(+ vers 362)
|
Ariobarzane, *satrape de Phrygie*
(+ 337)
|
Mithridate II, *prince de Cios*
(+ 302)
|
Mithridate Ctistès, 1ᵉʳ *roi du Pont*
(302-266)
|
Ariobarzane Iᵉʳ
(266-246)
|
Mithridate II
(246-190)
ép. une fille d'Antiochus Théos

| Laodice I | Laodice II | Pharnace Iᵉʳ | Mithridate Philopator Philadelphe (Evergète) |
| ép. Antiochus le Grand | ép. Achéus | (190-169) | (169-121) |
| | | | ép. Laodice, fille d'Antiochus Epiphane |

Mithridate Eupator   Mithridate Chrestos
(121-63)

# TABLE DES MATIÈRES

Pages.

Avertissement . . . . . . . . . . . . . . . . . . . . . . ı
Essai sur la numismatique des rois de Cappadoce. . . . . 1
Essai sur la numismatique des rois de Bithynie. . . . . . 89
Essai sur la numismatique des rois de Pont (dynastie des Mithridate) . . . . . . . . . . . . . . . . . . . . . 155

## PLANCHES

I. II. III. — Rois de Cappadoce (médailles).
IV. — Rois de Cappadoce (monogrammes).
V. VI. VIII. — Rois de Bithynie (médailles).
VII. IX. — Rois de Bithynie (monogrammes).
X. XI. — Rois de Pont (médailles).
XII. — Rois de Pont (monogrammes).

# ERRATA

Pages 3, 39 et 48. Au lieu d Imhoof *Blümer*, lire Imhoof *Blumer*.

Page 6. Il faut probablement rayer Gobryas de la liste des gouverneurs de Cappadoce. Ce personnage est mentionné comme général du contingent cappadocien, mais non comme satrape, et l'on sait que ces deux fonctions *pouvaient* être distinctes. Ce que dit à ce sujet M. Maspéro (*Hist. ancienne*, 4e éd., p. 615) est trop absolu.

Page 8, note 3. Lire *Appendice n° 2*.

Page 28, note 2. Supprimer les mots : « sur une des monnaies grecques de Vélia. » Ils proviennent d'une erreur de Müller. En réalité, les monnaies de Vélia ne présentent que le type du *lion* sur *cerf*, et non du *griffon*.

Page 30, note 1. M. Imhoof possède également un exemplaire de cette médaille.

Page 40, note 2. M. Imhoof possède un exemplaire du type 10 du *même coin que celui* du Cabinet de France.

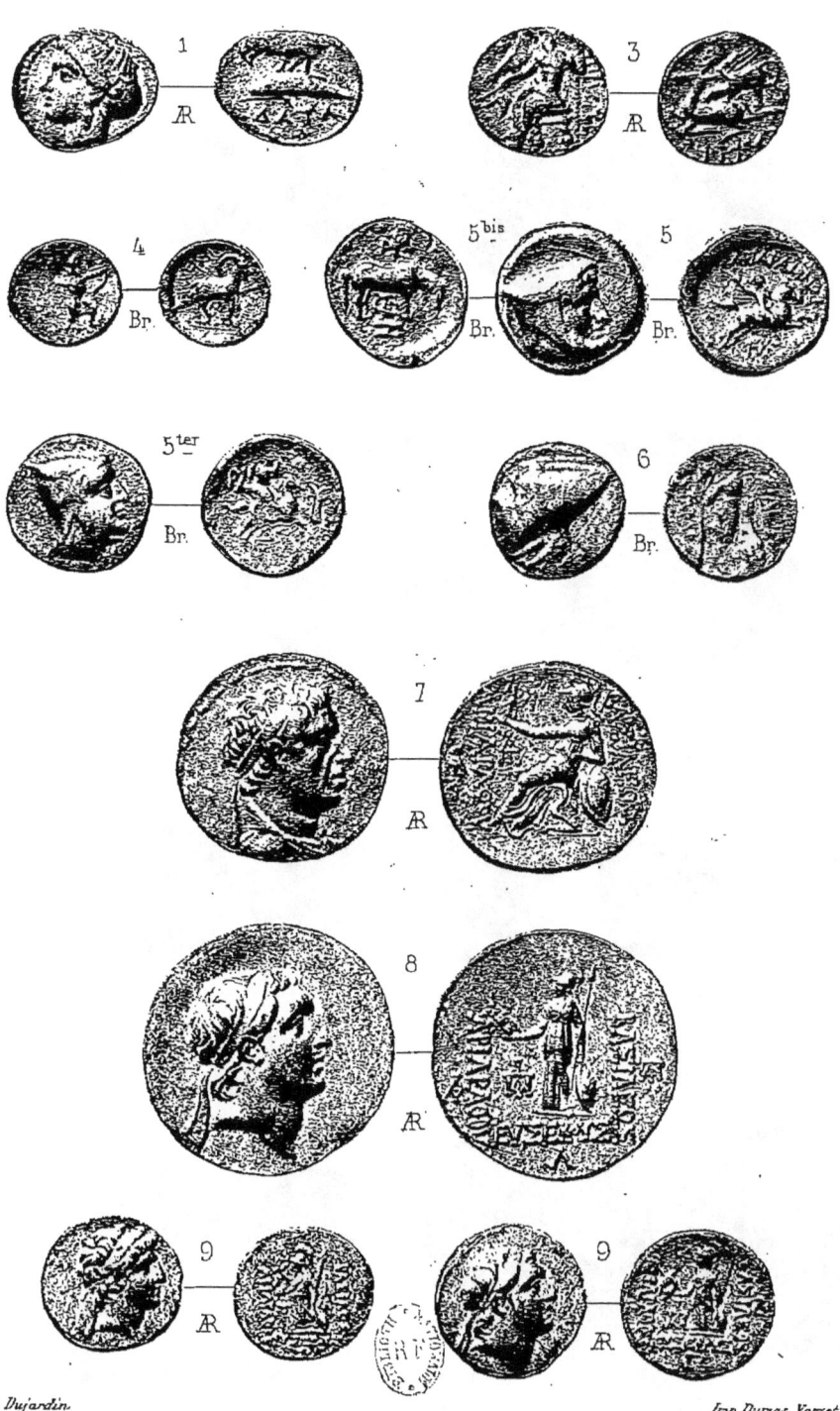

ROIS DE CAPPADOCE

PL. II

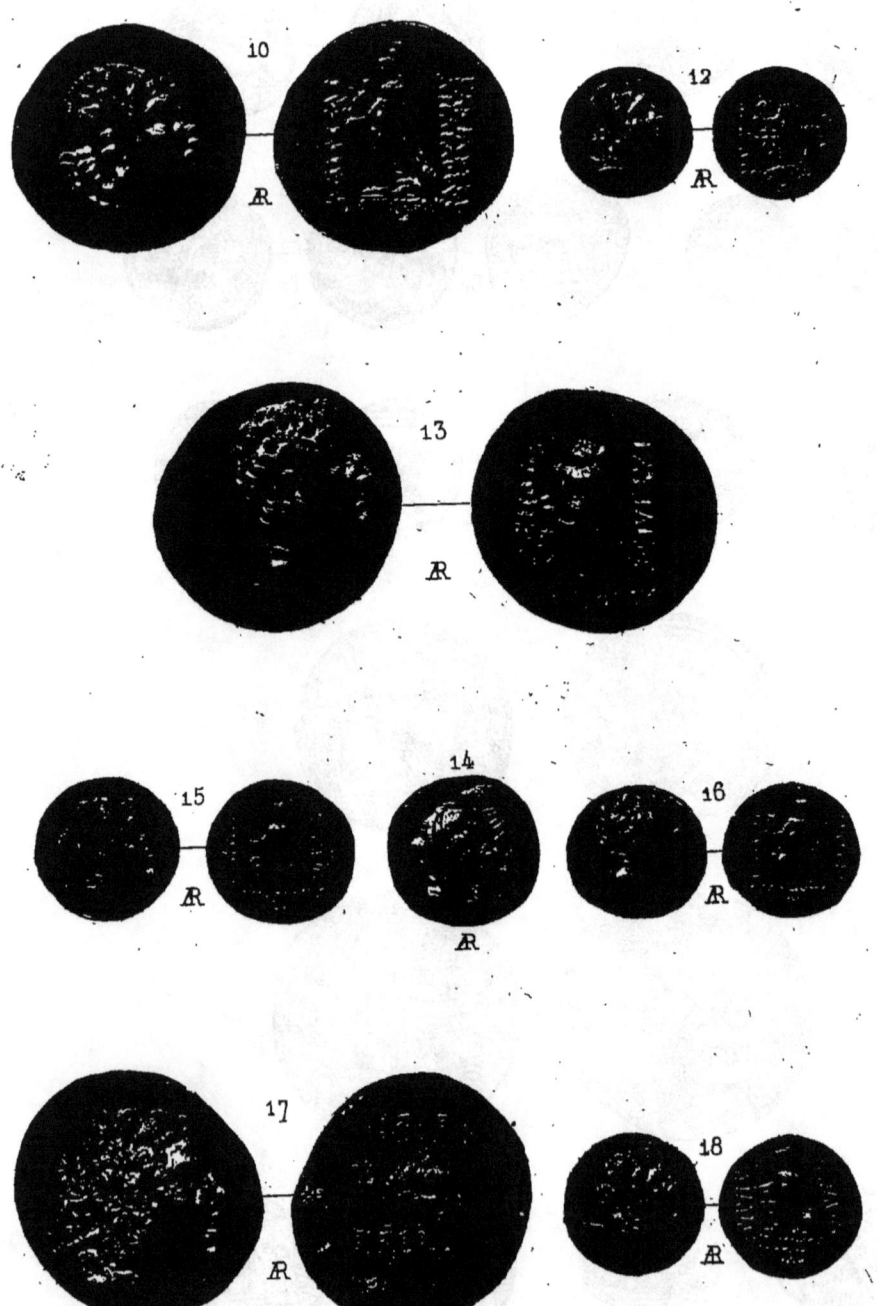

ROIS DE CAPPADOCE

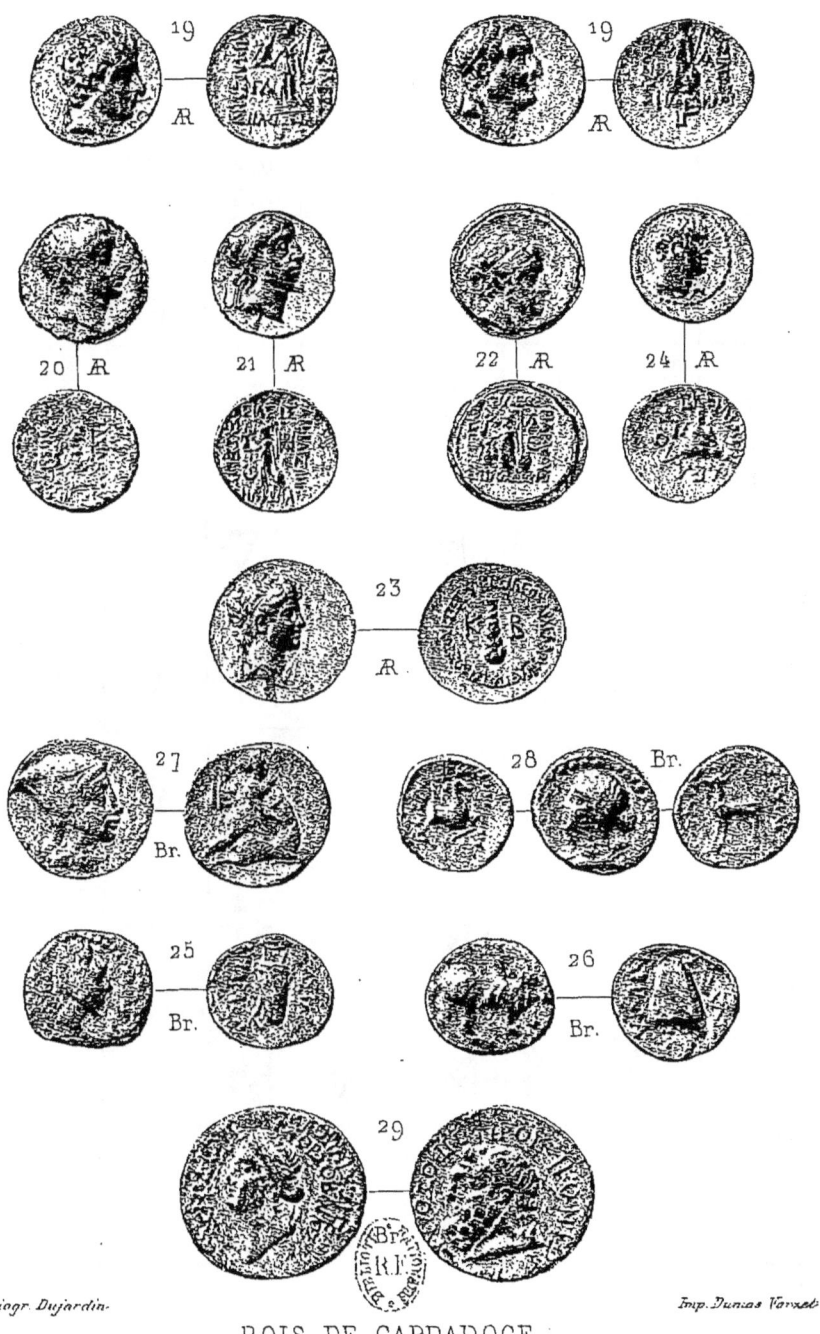

ROIS DE CAPPADOCE

PLANCHE IV

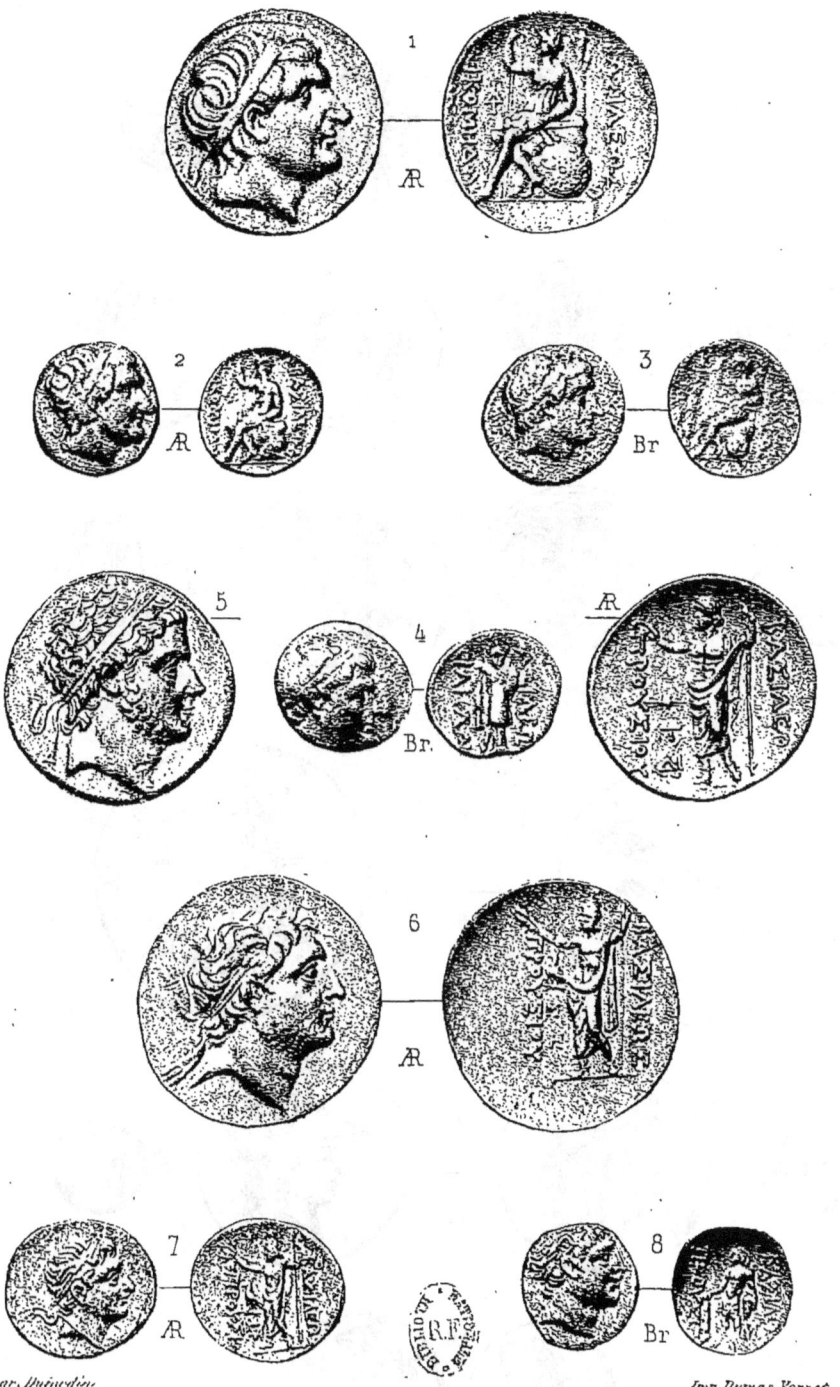

ROIS DE BITHYNIE

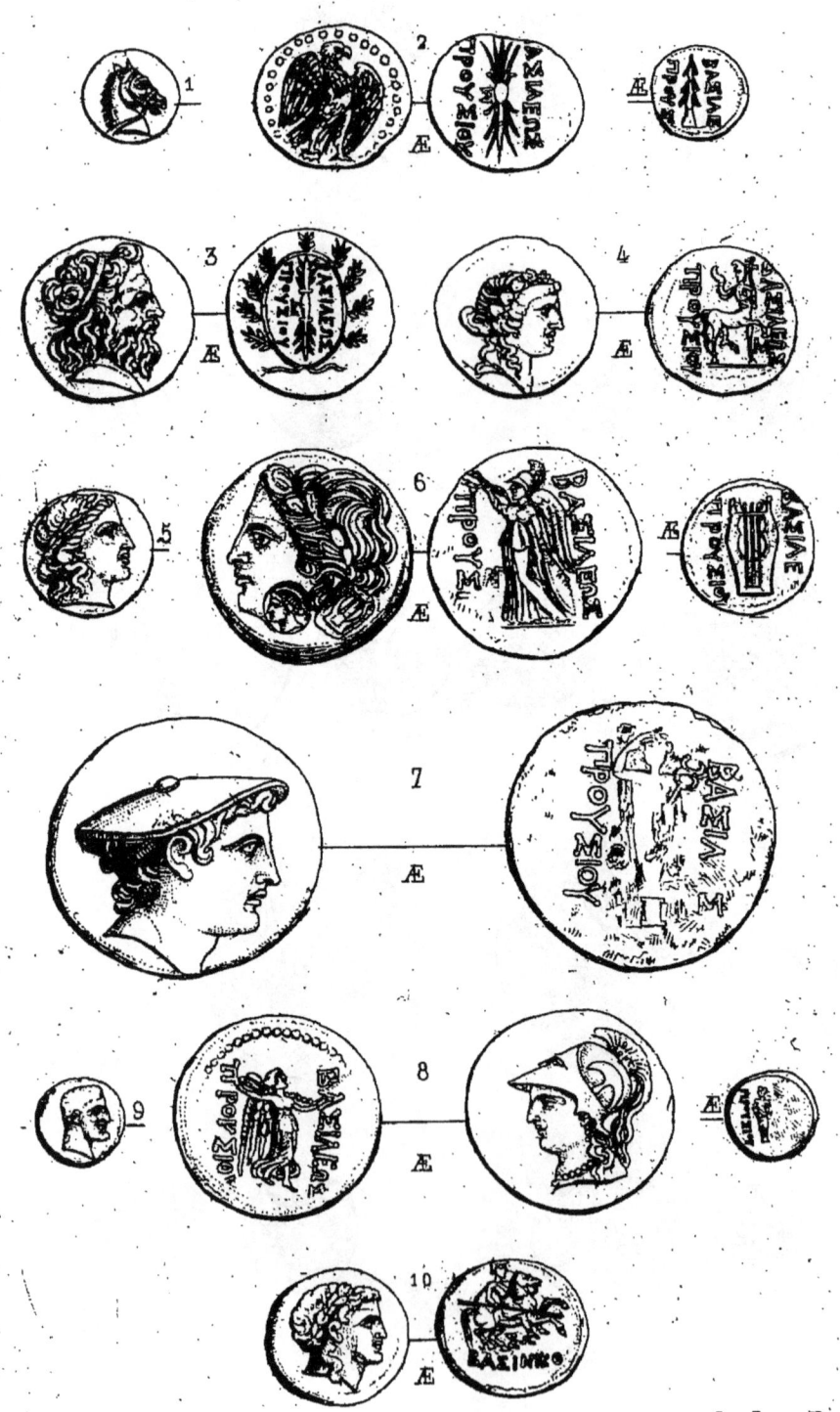

ROIS DE BITHYNIE

ROIS DE BITHYNIE. — Monogrammes.

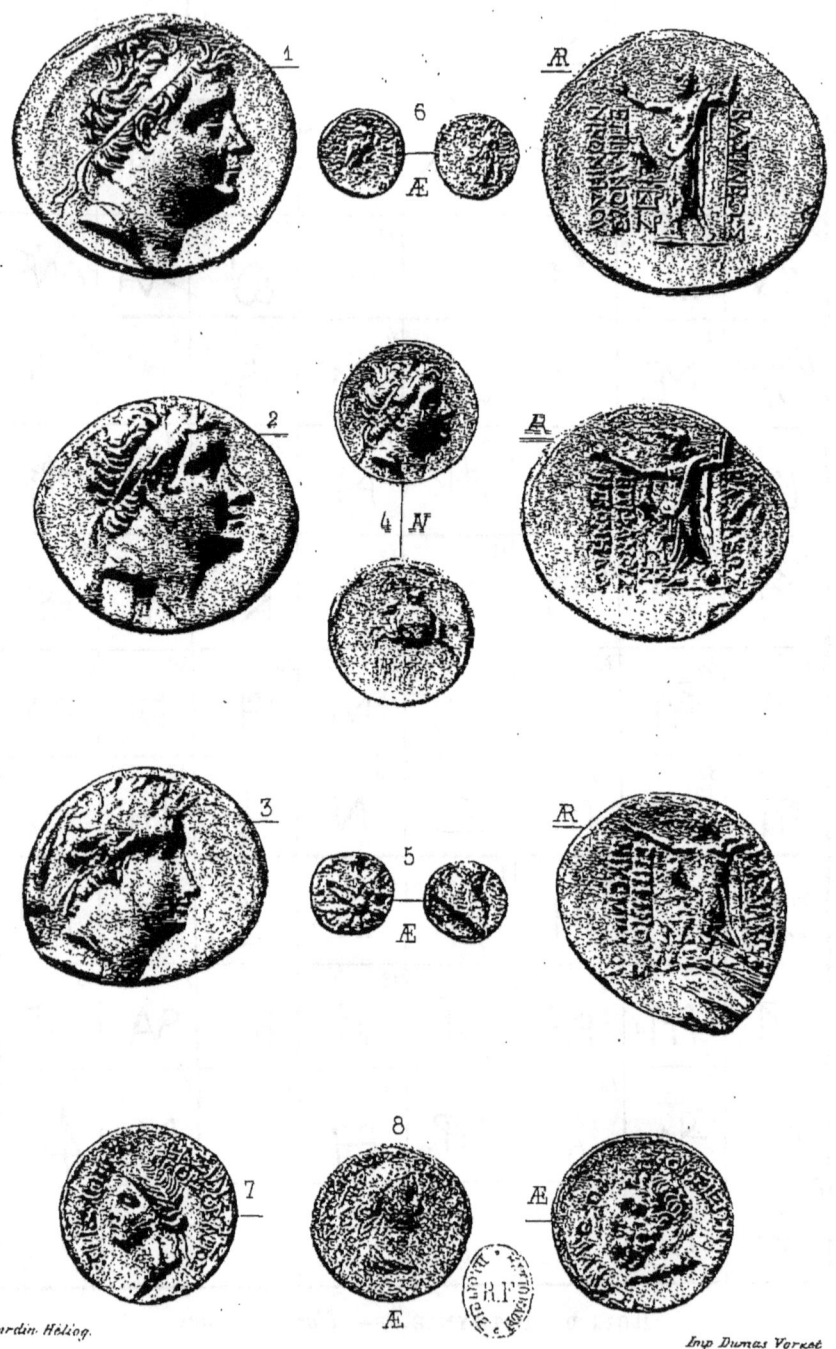

PL. VIII

ROIS DE BITHYNIE

Revue numismatique, 1887. Pl. IX

ROIS DE BITHYNIE — Monogrammes.

Th. Reinach delineavit

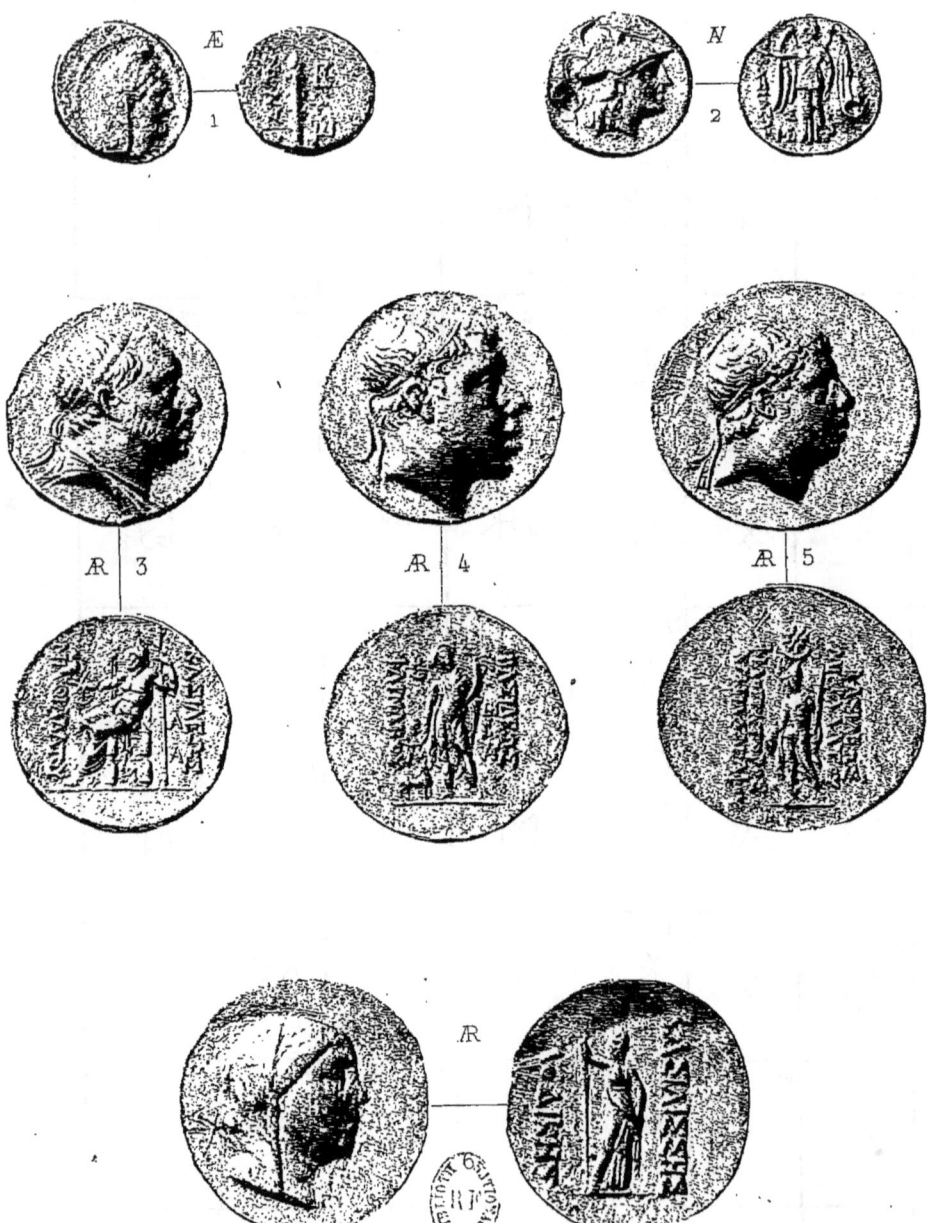

ROIS DU PONT

PL. XI

ROIS DU PONT

Pl. XII

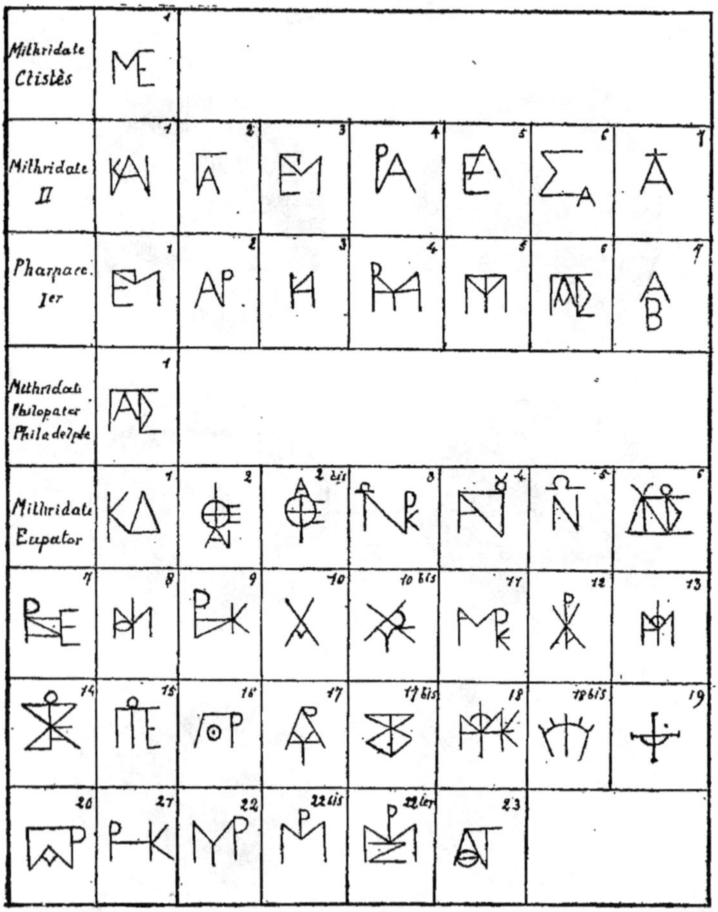

ROIS DU PONT. — Monogrammes.